"幼儿园音乐教育"教师指导系列丛书

集体舞与音乐游戏教育活动

王秀萍　王小波　编著

苏州大学出版社
Soochow University Press

图书在版编目(CIP)数据

集体舞与音乐游戏教育活动 / 王秀萍，王小波编著. -- 苏州：苏州大学出版社，2015.5

(幼儿园音乐教育教师指导系列丛书)

ISBN 978-7-5672-1270-1

Ⅰ.①集… Ⅱ.①王…②王… Ⅲ.①儿童舞蹈—集体舞—学前教育—教学参考资料②音乐课—学前教育—教学参考资料 Ⅳ.① G613.5

中国版本图书馆 CIP 数据核字 (2015) 第 072428 号

书　　名：集体舞与音乐游戏教育活动
编 著 者：王秀萍　王小波
责任编辑：孙腊梅　洪少华
装帧设计：吴　钰
出 版 人：张建初
出版发行：苏州大学出版社 (Soochow University Press)
社　　址：苏州市十梓街 1 号　邮编：215006
印　　刷：苏州工业园区美柯乐制版印务有限责任公司
邮购热线：0512-67480030
销售热线：0512-65225020
开　　本：787mm×1092mm　1/16　印张：9.75　字数：200 千
版　　次：2015 年 5 月第 1 版
印　　次：2015 年 5 月第 1 次印刷
书　　号：ISBN 978-7-5672-1270-1
定　　价：29.00 元（附 CD）

凡购本社图书发现印装错误，请与本社联系调换。
服务热线：0512-65225020

目录

第一部分　导　　言 …………………………………………………… 1
　　一、音乐作品的幼儿化转换原理 …………………………………… 1
　　二、教学过程由生活经验走向音乐经验的经验组织原理 ………… 5
　　三、遵循由感受到表现的艺术心理过程的教学环节组织原理 …… 7
　　四、"探究、操作、游戏"是幼儿学习方式的教学原则 …………… 11
　　五、在互动中实现幼儿主动学习的教学原则 ……………………… 12

第二部分　幼儿园集体舞教育活动的设计与组织 ……………………… 15
　　一、集体舞教育活动的设计 ………………………………………… 15
　　二、集体舞教育活动的组织 ………………………………………… 24

第三部分　幼儿园音乐游戏教育活动的设计与组织 …………………… 27
　　一、音乐游戏教育活动的设计 ……………………………………… 27
　　二、音乐游戏教育活动的组织 ……………………………………… 37

第四部分　幼儿园集体舞教育活动设计实例 …………………………… 39
　　一、小班集体舞教育活动设计实例 ………………………………… 39
　　　　活动一　乒乓舞 ……………………………………………… 39
　　　　活动二　小老鼠找朋友 ……………………………………… 43
　　　　活动三　小兔躲猫猫 ………………………………………… 46
　　　　活动四　糖果邀请舞 ………………………………………… 49
　　　　活动五　花儿与蝴蝶 ………………………………………… 51
　　　　活动六　小兔采蘑菇 ………………………………………… 53
　　二、中班集体舞教育活动设计实例 ………………………………… 56
　　　　活动一　摘果子 ……………………………………………… 56

活动二　多愉快 …………………………………………………………… 61
　　活动三　羊村舞会 ………………………………………………………… 64
　　活动四　转转转大变身 …………………………………………………… 69
　　活动五　兔子舞 …………………………………………………………… 73
　　活动六　螃蟹舞 …………………………………………………………… 78
　　活动七　朋友，你好 ……………………………………………………… 81
　三、大班集体舞教育活动设计范例 …………………………………………… 84
　　活动一　匹诺曹 …………………………………………………………… 84
　　活动二　乓乓舞 …………………………………………………………… 87
　　活动三　套圈舞 …………………………………………………………… 91
　　活动四　欢乐的鼓 ………………………………………………………… 95
　　活动五　田纳西摇摆 ……………………………………………………… 98
　　活动六　莎　莎 …………………………………………………………… 106
　　活动七　口哨与小狗 ……………………………………………………… 109
　　活动八　快乐游戏舞 ……………………………………………………… 113

第五部分　幼儿园音乐游戏教育活动设计实例 ………………………………… 117
　一、中大班音乐游戏教育活动设计实例 ……………………………………… 117
　　活动一　饼干和酸奶枪 …………………………………………………… 117
　　活动二　狡猾的狐狸在哪里 ……………………………………………… 120
　　活动三　逗　牛 …………………………………………………………… 124
　　活动四　酸酸葡萄 ………………………………………………………… 129
　　活动五　库企企 …………………………………………………………… 133
　　活动六　司马光砸缸 ……………………………………………………… 138
　　活动七　谁是灰太狼 ……………………………………………………… 142
　　活动八　帽子恰恰恰 ……………………………………………………… 147

附　录
　　CD目录 ……………………………………………………………………… 151

第一部分 导　　言

在"幼儿园音乐教育"教师指导系列丛书中的所有教育活动方案都是在教育教学原理或原则指导下进行设计与实施的，了解这些教育教学原理或原则有助于更好地理解与实施丛书中的音乐教育活动方案。与本丛书直接相关的教育教学原理或原则为：

1. 音乐作品的幼儿化转换原理。
2. 教学过程由生活经验走向音乐经验的经验组织原理。
3. 遵循由感受到表现的艺术心理过程的教学环节组织原理。
4. "探究、操作、游戏"是幼儿学习方式的教学原则。
5. 在互动中实现幼儿主动学习的教学原则。

一、音乐作品的幼儿化转换原理

音乐作品中包含了我们要给孩子的音乐知识，但是，用听觉接收的音响性的音乐作品不在幼儿的生活经验范围内，不被幼儿接受，教师需要把这种听的音乐转换成为幼儿能看的音乐。

$$听的音乐 \xrightarrow{转换} 看的音乐$$

（一）音乐作品幼儿化转换的思路

1. 为抽象的音乐符号寻找具象的参照物。

艺术符号的抽象程度是由其参照特性决定的，参照性越强的艺术符号越容易被理解。所有艺术符号种类中，音乐最抽象，因为通过音响所呈现的音乐符号很难在现实世界中找到参照物。一岁左右的儿童开始熟练地说出大量的名词，这些名词对他们来说一点也不抽象，因为有鲜活的参照物，即名词所表达的意义都是日常生活中的物、人、事。对一岁左右的儿童而言，小狗、小猫、娃娃这些语言符号不是符号，而是真实的与他们玩耍的小狗、小猫、娃娃，孩子因为喜欢小狗、小猫、娃娃等这些参照物而学会了代表这些参照物的符号。同为绘画作品，写实主义作品最容易为人接受，而抽象画最令人头疼。例如，一张美女图这种写实作品，人们因为具有鉴别美女的生活经验而很容易看懂它。当人们接受这张美女图并愿意花时间欣赏时，就可以进入线、形、色彩、光线等美术符号的学习，学习过程变得容易、愉悦。抽象画直接进入美术符号，令普通人不喜欢的原因就在于缺少参照物这一中介。音乐比直接出现美术符号的抽象画还要抽象，幼儿很难直接喜欢。想让幼儿喜欢音乐就得让音乐具有参照物。所以，音乐作品幼儿化转换的第一条思路就是要为抽象的音乐符号寻找具象的参照物。

2. 音乐参照物的特性。

（1）音乐参照物的根本特性。

无论是语音符号还是写实画中的美术符号，它们与参照物之间的关系都是一一对应关系，例如 Xiao Gou，Xiao Mao，Xiao Bai Tu 这些语音符号对应的参照物是鲜活的小狗、小猫、小白兔，美女画、水果画对应的参照物是美女、水果。这种一一对应关系，导致符号与参照物之间具有确定性或唯一性关系。音乐作品中除出现明确的鸟叫声、雷鸣声等音效外，一般而言，音乐符号是没有明确参照物的，参照物是我们刻意挖掘出来的。音乐符号与参照物之间连确定性都没有，更别提唯一性了，对同一个音乐作品，不同的欣赏者可以挖掘出不同的参照物。另外，由于音乐是时间艺术，再短的音乐作品也有几十秒钟时间，音乐符号的时间流动性决定了它所具有的参照物不是静态的一个人或物，而是由多个人或物构成的事件。因此，音乐参照物的根本特性是事件性。

（2）事件性参照物的构成。

一个事件必然由人、物、情节等元素构成的，所以，音乐参照物的第一构成元素是具有人物角色或情节发展的故事。

音乐符号以音响的方式呈现的，它需要我们用耳朵去听。这要求与音乐符号同时出现的参照物形式是无声的，而有声的语言描述的故事只能在音乐音响之前或之后出现。而且，音乐符号的时间性是按句子、段落这些有序的组织手法有结构地展开的，这些结构的建立又以稳定的拍子为基石。符合留出耳朵听音乐的需要同时又具有时间绵延性的艺术符号也就是舞蹈了。在学前儿童音乐教育领域，我们称之为身体动作表演。所以，音乐参照物的第二构成元素是与音乐符号一样具有时间性的身体动作表演。

综上所述，音乐符号的事件性参照物由故事与身体动作构成的，故事的功能是交代音乐所表达的内容——事件，身体动作的功能是交代音乐符号最主要的形式元素——拍子与句段结构。

（二）音乐作品幼儿化转换的具体方式

音乐作品幼儿化转换的实质是给音乐作品找参照物，而参照物是由故事与身体动作两个基本元素构成的，最好的形式是用身体动作把故事"讲"出来。用身体动作把故事"讲"出来，势必涉及语言、视觉、运动觉等符号，因为故事得先用语言符号讲出来，在用语言符号讲故事时得用直观教具图片、视频等视觉符号辅助，最后在音乐中用身体动作把故事表演下来。这样一个语言、视觉、运动觉三符号都参与的转换方式，是我们追求的。但是，在实际操作过程中，针对每一个音乐作品，并不是所有语言、视觉、运动觉三种符号都能用上的，只是出现其中一种或两种转换符号也是正常的。

（三）音乐作品幼儿化转换的原则

目前，幼儿园所用的音乐作品与小学、中学没什么大的区别，绝大多数都是成人作品。真正为幼儿"订制"的器乐作品很少，优秀的幼儿歌曲也不多。如果把幼儿音乐作品以作曲家专门以幼儿为对象而创作的音乐作品来界定，那么幼儿园音乐教育因极度缺少教育资源而早已终结了。

什么是幼儿音乐作品？幼儿音乐作品是幼儿化转换成功的音乐作品。所以，音乐作品的转换原则是指向转换对象幼儿的。幼儿在音乐学习中的趣味、爱好是什么？幼儿在接触音乐作品时他们的口味指向哪里？这些问题的答案就是我们为幼儿进行音乐作品转换的原则。由于幼儿的音乐学习兴趣是指向故事与身体动作的，所以，音乐作品的转换原则是指向故事性、动作性以及两者的关系。

1. 故事转换不能独立存在。

按审美学说的形式主义流派说法，音乐是绝对没有内容性的，音乐的内容即形式。按照这种理论学说，除了有音乐天赋的孩子外，普通的孩子就与音乐无缘了。因为只让孩子接触纯形式的音乐作品，或者在让孩子接触音乐作品时不做一些内容性的挖掘，那么孩子们一定会远离音乐活动，远离音乐教师。他们当然还不能够用理由充足的语言来表达他们的不喜欢与抗议，但他们一定会用成人所没有的武器——没有克制力的行为来抗议。不在他们兴趣与能力范围内的任何教学活动，他们会用不理你直接走人或疯狂地吵闹等本能手段来回应你。孩子是有"思想"、有"主见"的。

所以，"音乐即形式"的主张在孩子们面前失去光辉。为了迎合孩子的口味，我们不仅需要寻找有内容性的音乐作品，而且还要让没有内容性的音乐作品变出内容性来。音乐作品中最受幼儿欢迎的内容是故事，如果一个音乐作品"讲"的是一个幼儿生活经验范围内的故事，那么这个音乐作品就"神"了，它是最高级别的音乐作品。对幼儿来说，好音乐作品的标准绝对不是贝多芬、莫扎特，而是有故事、好玩。问题在于不是所有的音乐作品都能挖掘出故事内容的，如果没有故事我们也能退而求其次，寻找音乐作品中的角色形象，例如《野蜂飞舞》抓住蜂的形象，《雏鸡的舞蹈》抓住小鸡的形象，《七步进阶曲》创设一个蚊子的形象，等等。多数音乐作品的内容性是靠我们去挖掘、创设的。

音乐作品幼儿化转换离不开内容或故事，但故事性转换是有规限的，即故事、角色形象等内容的创设是为身体动作的表演服务的。在音乐作品的转换过程中，故事性不能独立存在，它是依附于动作性的。

2. 动作性转换即音乐标准。

对孩子来说，音乐即运动。运动既可以成为音乐作品的参照，也是音乐作品与参照之间的纽带。音乐作品的内容性参照缺乏与音乐作品的直接对应性，而动作性则具备与音乐对接的得天独厚的条件。当幼儿的身体运动与音乐吻合程度加强时，身体运动的音乐性也就被相应地彰显。

音乐作品动作性转换的规限条件是音乐性，指身体给出的所有动作与音乐作品的节拍、节奏型、句子、段落、速度、力度、风格等因素相一致。动作性因其带着音乐性或具有音乐标准，所以在音乐作品的转换过程中可以脱离内容性而独立存在。

3. 音乐作品幼儿化转换形式越丰富幼儿越喜欢。

就故事与动作两种转换形式而言，缺少故事只有动作的转换对幼儿的吸引力不大，缺少动作只有故事的转换因为没有音乐标准而无效。从故事性与动作性的丰富程度而言，情境氛围浓厚、故事情节有趣、道具图片丰富、图谱与动作齐发，这些手段都能极大地激发幼儿的音乐学习兴趣。但是，这些媒介的使用是有规限的：这些媒介的符号都必须准确地翻译着音乐符号。

4. 音乐作品幼儿化转换最后停留在动作上。

假如一个音乐作品的转换既有故事又有身体动作表演，那么故事只是导出层面的转换，最终要幼儿掌握的是在音乐中用身体动作表演这个故事。假如一个音乐作品的转换是用图谱方式，那么不能呈现图谱以后就算一个作品的转换工作结束了，必须由图谱再走向动作。可以让幼儿在音乐中徒手画图谱，这也是一种合乐做动作的方式；还可以让幼儿根据图谱演奏打击乐器。（打击乐演奏是一种带器械的动作）对一个音乐作品的转换而言，虽然说是转换形式越丰富效果越好，但是这是有条件的，即转换方式都是适宜、准确的；当转换方式不适宜、不准确时，结果会走向反面。

二、教学过程由生活经验走向音乐经验的经验组织原理

音乐经验不是"不食人间烟火"的一种神秘的东西，它来自生活经验，是对生活经验的提炼。对幼儿来说，音乐活动的过程就是从生活经验走向音乐经验的过程。

（一）幼儿的核心音乐经验

音乐经验是指对节拍、节奏、音色、速度、力度、旋律、结构、风格等音乐要素做出操作性的反应。核心音乐经验是指在音乐发展过程中必须获得的经验，这些经验在音乐经验系统或结构中起节点和支撑作用，有利于所有音乐经验的建构、迁移以及对音乐知识的深层理解。

幼儿的核心音乐经验可以分为两类三项：

节奏 ⟨ 1. 合拍做动作
       2. 合音乐结构做动作
旋律 ⟶ 3. 有旋律轮廓线地歌唱

幼儿的核心音乐经验主要有节奏经验与旋律经验两类。节奏经验包含两项：合拍做动作、合音乐结构做动作；旋律经验包含一项：有旋律轮廓线地歌唱。

1. 合拍做动作。

合拍能力是音乐能力的基石。合拍的要旨不只是有拍子，而是拍子一如既往地稳定。如果一首歌曲由16拍构成，合拍做动作不是指做了16下动作，而是指这16下动作自始至终能稳定发出。

在教学过程中，引导幼儿合拍不是靠语言指令，而是靠教师准确的示范。单独通过语言很难让幼儿理解合拍，幼儿感受与掌握合拍主要是在大量动作模仿活动中完成的，所以，教师在动作表演中的稳定拍感是幼儿获得拍感的必要条件。音乐感是陶冶出来的，就幼儿园集体音乐教学而言，教师准确示范是对音乐陶冶的最好注解。

2. 合音乐结构做动作。

理解音乐结构是理解音乐的途径。当明白音乐作品由几段构成，每段又由几句构成时，无论是听赏还是表演这一音乐作品都会觉得很轻松、享受。当清楚音乐结构时，幼儿合拍做动作就有了更深入的形象与内容表现。幼儿对音乐形象的捕捉往往比较单一，问题就在于对句子、段落的变化不敏感，往往把注意力只集中于合拍地做一种动作上。例如，欣赏《水族馆》时，孩子们会表现出极大的音乐形象创作激情，认为是水母在游动，小鱼儿尾巴在打转等。但是，孩子们一旦认定一种形象如水母，就会从头到尾沉浸于水母一种形象的合拍动作中，不能顾及随着音乐段落的变化音乐形象也在变化等音乐结构的变化特征。所以，合音乐结构做动作是对合拍做动作这一关键音乐经验的推进，旨在在合拍基础上表现出合句子、合段落等更丰富、细腻的音乐特征，真正达到合音乐表现的目标。

3. 有旋律轮廓线地歌唱。

旋律经验通俗地说就是准确歌唱的能力，能准确歌唱就是建立了音准概念。测查一个人是否建立了音准概念，可以采用以下四个步骤：

步骤一，耳朵辨认出音的高低。

步骤二，能准确模唱。

步骤三，唱准音程。

步骤四，能移调歌唱音阶。

这四个测查步骤也就是音准概念建立的四个标识，任何人建立音准概念都会经历这四个标识性的阶段。

就对某高校学前教育本科毕业生的测查结果来看，每届本科毕业生音准概念建立人数在5%—10%之间。音乐感是靠熏陶出来的，教师拥有某种音乐经验幼儿才有可能有，教师没有幼儿肯定没有。我国幼儿园教师普遍不具有音准概念，在这种现实条件下，把"准确歌唱"作为我国幼儿的关键音乐经验是毫无意义的。所以，我们把旋律关键经验定位于"有旋律轮廓线地歌唱"。

"有旋律轮廓线地歌唱"指达到音准概念建立四步骤中的前两个步骤，这时，已经意识到音是有高低的，也能用听觉意识到音的空间位置，但还不能通过自己的嗓音准确地表达出音的空间位置。就幼儿来说，幼儿已经能够唱出歌曲句子中旋律轮廓线的高低走向，但仔细倾听他们所唱之音还不能达到准确的要求。

（二）由生活经验走向音乐经验的教学推进过程

幼儿园音乐教育活动的过程是一个由生活经验走向音乐经验的过程。

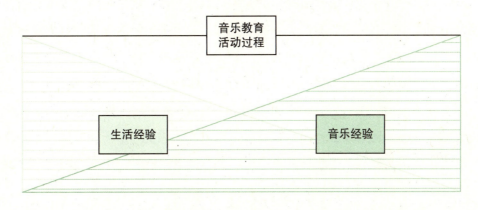

上图表示：一个音乐作品的教学活动的开始完全处于幼儿生活经验的范围内，随着教学活动过程的推进，生活经验逐渐减少而音乐经验逐渐渗透，当一个音乐作品的教学进入尾声时，音乐经验占据主要地位。音乐是幼儿进行表达的一种重要工具，音乐教育活动的过程，是幼儿对音乐内容的表达由语言表达到动作表达再到合乐表达的过程，而合乐表达就是音乐经验的获得。

三、遵循由感受到表现的艺术心理过程的教学环节组织原理

幼儿园音乐教育活动的环节推进遵循"感受—表现"的艺术心理过程，所以，音乐教育活动的大环节就是由感受与表现两个环节构成的。艺术感受作为一种心理活动，它是人通过感官感触、感知、接受艺术事件并产生艺术表象的一系列心理活动。就方向而言，艺术感受是由外向内的心理过程；就本质而言，艺术感受以情感为核心。艺术表现作为一种心理活动，它是基于艺术感受的，是把对外部世界的感受通过自身的独特方式表达出来的。就方向而言，艺术表现是由里向外的心理过程；就本质而言，艺术表现的核心是目的性，所有的艺术表现都要受艺术标准制约，没有艺术标准指向性的表现就不能称为艺术表现。

幼儿音乐学习的过程是由生活经验提炼至音乐经验的过程。所以，就幼儿而言，

感受环节本身需要分为音乐内容与音乐形式两个小环节。音乐内容感受环节即把音乐作品处理成落入幼儿生活经验范围内的内容，无论是歌曲还是器乐曲，所有音乐作品都需要进行幼儿化转换，而转换的结果之一就是使音乐作品有幼儿能看懂、听懂的内容情境。音乐形式感受环节则是音乐作品的音响出现的环节，是把第一小环节中让幼儿感受的音乐内容形象与音乐形式进行顺理成章匹配的过程。对幼儿来说，学习音乐的过程就是身体运动的过程，幼儿的音乐学习离不开身体动作。所以，幼儿园音乐教学中的表现环节也呈现出幼儿的年龄特征性，表现环节又由节奏表现与其他表现两个小环节构成。无论是歌曲还是器乐曲，无论是演唱还是打击乐演奏，幼儿的音乐表现往往呈现出由节奏表现向旋律表现推进、由模仿性表现向创造性表现推进、由身体动作表现向演奏表现推进的趋势。

综上所述，幼儿园音乐教学活动中完成一个音乐作品，一般由感受与表现两个大环节构成，感受环节又由音乐内容感受与音乐形式感受两个小环节构成，而表现环节也包含节奏表现与其他表现两个层次。具体如下图所示：

幼儿园音乐教育活动的基本环节：

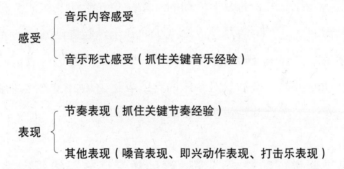

（一）感 受

感受环节按前后顺序经历两个阶段：音乐内容感受阶段与音乐形式感受阶段。

1. 音乐内容感受阶段。

音乐内容感受阶段，教师给出一个音乐作品的故事性情境或角色或情节等生活经验层面的内容，这是幼儿进入音乐形式感受的前提。没有音乐作品的内容导引，幼儿很难真正进入一个音乐作品学习活动中。

2. 音乐形式感受阶段。

想在幼儿园音乐教学过程中让幼儿获得音乐经验，那么音乐形式感受阶段是教学的核心部分，它是音乐知识的内核所在。每一音乐作品都由音乐八大元素构成，同时每一音乐作品往往会在几个音乐元素上突显其特点，突显每一音乐作品特殊性的这几个音乐元素就是教师特别需要幼儿感受到的音乐特征。如果某一音乐作品并没有能突显出来音乐元素特征，那么就抓合拍做动作、合音乐结构做动作这两个关键节奏经验。事实上，关键节奏经验在任何一个音乐活动中都是教师要抓的核心经验。

对每一音乐作品音乐特征的感受，主要使用教师的身体动作表演、图谱等媒介。教师的准确示范在这里至关重要，在集体教学情境下，音乐艺术需要熏陶的全部含义也集中在教师的准确示范上。

在音乐特征感受阶段，最突出的一个特点是操作与探究，即在音乐特征的感觉、知觉、表象等全部的心理阶段，幼儿主要是在主动的身体动作探究与表演中进行的。在这一阶段，幼儿会表现出丰富的身体动作表达能力，（动作表达并非音乐表现）但是，幼儿本能层面上用身体动作表达出来的音乐形象往往是不合音乐的，教师的指导作用主要体现在把这些本能动作推向合拍、合音乐结构的轨道上。

（二）表　现

表现环节一般经历两个阶段：节奏表现阶段与其他表现阶段。

1. 节奏表现阶段。

音乐表现是一种意向性活动，即是一种有目的指向的表达。就幼儿园音乐教学中的幼儿音乐表现而言，它是一种意向性的表演活动，即以身体动作、歌唱、打击乐演奏为表演方式，以音乐元素指标与音乐元素所表现的情绪情感特征为表演目的指向的一种活动。当幼儿能完整、主动地随音乐做动作时，这时就由感受阶段走向了表现阶段。幼儿对音乐的理解与表演往往依赖身体动作，所以，即使是最终走向歌唱的歌曲，幼儿也需要先用身体动作表现这一歌曲，然后再走向歌唱。

如果一个音乐作品中比较有特点的音乐元素较多，这些特征又是幼儿已有经验中没有的，那么就这一音乐作品而言，幼儿需要经历模仿性表现阶段，需要把感受到的音乐元素特征用表演的方式表现出来。音乐元素特征感受阶段与模仿性表现阶段都是处于表演或操作状态的，但两者是有区别的。它们的区别在于：第一，表现阶段的表演是一个作品或一个大段落的完整表演；而感受阶段的表演往往是分句或小段落的表演。第二，表现阶段的表演是幼儿依赖自己头脑中的表象完成的表演，即主动表演；而感受阶段的表演则是在教师或他人示范的情境下进行的，表演是在榜样的带动下展开的。

2. 其他表现阶段。

（1）演唱（嗓音表现）阶段。

如果是一个歌唱作品，当合乐的身体动作表演完成后，就进入嗓音表现阶段。这一阶段往往是歌唱教学活动的第二课时，其关注的关键音乐经验是有旋律轮廓线地歌唱。这一阶段会有一些音的高低、嗓音如何表达情感等教学内容，是真正意义上让幼儿关注音乐形式本身的一个教学时间段。对没有建立音准概念的教师，我们不鼓励进入这一阶段的教学。

（2）演奏（打击乐表现）阶段。

如果是一个打击乐演奏作品，当合乐的身体动作表演完成后，便进入打击乐表现阶段。这一阶段往往是打击乐教学活动的第二课时，是把身体动作对音乐的表达迁移到演奏打击乐这一表演形式中。这一阶段教学的主旨是通过探究，让幼儿自己寻找：①每种打击乐器与音乐形象的匹配；②原有的身体动作表演与每种打击乐器的节奏型的匹配。

（3）动作即兴（创造性表现）阶段。

在幼儿具有一定的模仿性表现经验积累，或者音乐作品的音乐元素特征比较单一、形象时，幼儿很容易进入即兴表现（创造性表现）阶段。

即兴表现可以分为三种：第一种，已经经历模仿性表现，然后改变表演方式重新表现。例如，针对一个音乐作品，幼儿已经能够进行身体动作的模仿性表现，这时，教师请幼儿根据身体动作感受到与表现出的音乐元素特征，用打击乐演奏的方式表演出来。第二种，已经经历身体动作的模仿性表现，然后，重给一个音乐作品的内容情境，根据新的内容情境创编新的身体表演动作。第三种，直接给幼儿一个音乐作品，教师对音乐作品的音乐元素特征只是使用言语或图片媒介进行提醒，请幼儿完成符合音乐元素特征的表演。

集体课堂情境的幼儿园音乐教学比较适宜以音乐作品为单位展开教学活动，以上的两环节四阶段也是指一个音乐作品的学习过程，这个过程可以是一个课时、三个课时，通常是两个课时。每个音乐作品的教学一定会让幼儿经历感受与表现两个大环节，但不是非完成全部四个阶段不可的，有的作品只走前面三个阶段，有的作品会跳过节奏表现直接进入其他表现。总之，两个大环节是不可避免的，而具体的阶段会根据作品的特性而做出一定的调整。

四、"探究、操作、游戏"是幼儿学习方式的教学原则

经验的幼儿园音乐教学是追求结果的,它的结果就是关键音乐经验。希望通过音乐教学收获到幼儿合乐表演、有旋律轮廓线地演唱这些音乐经验。但同时,经验的幼儿园音乐教学更追求过程,既然强调经验,是让幼儿获得经验,那一定是具有"儿童中心"倾向的。强调音乐教学的过程就是幼儿探究、操作、游戏的过程,强调教学即活动。

(一)探 究

探究是围绕"问题"展开的,这种"问题"用英语表达是"problem",不是"question"。只是让幼儿回答一个"question"不是探究,教师设置情境、提出问题,引导幼儿去完成一个"problem",这就成为探究。

歌唱教学中,教师通过提问、启发等方式,引导幼儿把所有歌词内容都用自己的动作表达出来,这个过程就是"探究",我们称之为歌唱教学中的动作探究。在歌唱教学的第二课时,有的歌曲适合歌词创编,这种重新为歌曲配上歌词的过程,就是歌唱教学中的歌词探究。这种在教学中足够形成一个"问题"(problem)从而引发幼儿探究的教学内容,我们称之为"探究空间"。换言之,幼儿园音乐教学中的"探究空间"就是指教学中能够引发探究的这个"问题"(problem)。当教师引导幼儿探究时,应该先考量清楚你让幼儿探究的问题是什么、怎么才算解决了问题。

欣赏教学的探究空间包括:第一,当音乐内容形象出现后,请幼儿用动作把这些音乐内容形象地表达出来;第二,用动作表现简单的音乐形象时,请幼儿通过丰富身体动作的表现力来丰富音乐形象;第三,当幼儿已经掌握了一种音乐形象的身体动作表现方式后,请幼儿用身体动作创编出另一种音乐形象。

打击乐教学的探究空间包括:第一,根据身体动作所表达的音乐形象,为这些音乐形象匹配合适的打击乐器;第二,根据身体动作所表达的音乐形象,为这些音乐形象匹配合适的演奏节奏型。

集体舞与音乐游戏的探究空间包括:第一,某一段音乐的完全的动作即兴;第二,某一段音乐的动作替代。

在幼儿园音乐教学中,幼儿的探究活动基本上是非音乐的、幼儿生活经验层面的,集中于动作与语言的探究。在这些探究活动过程中,如果教师缺乏把动作、语言经验提升至音乐经验的关键性引导与推动,探究就会落入低经验重复。

(二) 操 作（表演）

音乐与操作（表演）的关系完全是同一的，没有操作就没有音乐学习，没有操作就没有音乐经验。这就是为什么韵律活动在幼儿园音乐教学内容板块中不再单独出现，它的消失不是因为它不重要，而是因为它太重要，重要到无所不在，重要到音乐活动即韵律活动。我们把幼儿园音乐教学内容板块分为歌唱、欣赏、打击乐、集体舞、音乐游戏五类，这五类都属于韵律活动范畴，即都是通过身体动作的操作（表演）来进行音乐学习的。

无论是感受还是表现阶段，幼儿的音乐学习离不开身体动作操作，（表演）音乐学习往往是由身体动作操作走向演唱与演奏的过程。但是，如何通过互动的方式，使幼儿的操作变得具有思维性、主动性，而不是被动接受，这是教师在幼儿园音乐教学的操作过程中随时需要思考的问题。

(三) 游 戏

这里的游戏是指在音乐活动过程中加入传统、生活游戏，使得音乐学习具有游戏味。这种游戏可能加在内容感受环节，也可能加在音乐感受与表现环节，形式与内容不拘。游戏的加入，使得音乐教学内容的玩性得到提升，幼儿的学习主动性也就得到发挥。

就活动设计层面来说，游戏的加入有时会出现牵强现象，有为加游戏而加游戏之嫌，游戏方式与音乐教学内容之间缺少契合匹配度；就教学过程层面来说，所加入的游戏有时教师会采用死教游戏动作与规则的教学方式，游戏所具有的玩性功能消失，加剧了死教的程度。

五、在互动中实现幼儿主动学习的教学原则

在幼儿园集体音乐课堂，高质量的师幼、幼幼互动几乎可以与幼儿主动学习画等号。幼儿主动学习是由高质量的师幼、幼幼互动孵出来的，互动越少，死教越猖獗，离幼儿主动学习越远。

师幼、幼幼互动有数量，是指在一个音乐教学活动中，教师有意识地使用促进幼儿主动学习的一些互动契机，包括：①抛任务之时，教师的提问与追问契机；②幼儿接任务之时，教师引导幼儿展开任务难度讨论与分析的契机；③任务完成后，教师引导幼儿同伴评价与反思的契机。每个集体音乐教学活动都由几个教学任务构

成，每个教学任务抛出与完成过程都包含三个互动机会，这些互动机会教师到底能利用几次？这是一个量的指标。就互动而言，数量也是非常重要的，一个没有互动的集体音乐活动，很难出现幼儿的主动学习。当然，只是追求互动的数量是远远不够的。高质的师幼、幼幼互动，是指教师对互动策略的娴熟运用，核心是自如抛问题给孩子、自如接孩子抛过来的问题、作为二传手自如传递与提升孩子之间的问题，从而达到启动与提升孩子思维的目标。幼儿的学习方式主要是探究、操作、游戏等，而真正实现这些利于幼儿获得经验的学习方式的途径就是互动，没有互动的探究很容易落入假探究，没有互动的操作与游戏很容易演化为死教动作、死教游戏规则的状况，所以，常态的音乐教学过程是一个师幼、幼幼互动的过程。不过，始终能触动、提升幼儿思维的高质量互动是教师教学专业性的最高体现，它属于情境知识，依赖教师的实践智慧。

第二部分　幼儿园集体舞教育活动的设计与组织

一、集体舞教育活动的设计

集体舞教育活动设计是依据集体舞关键经验，选择音乐作品、处理音乐作品、选择教学方式，对幼儿施加教育影响的方案；也是影响集体舞教育活动的主要因素，如集体舞教育活动目标、教育内容、教育方法、教师与幼儿以及环境媒介等进行合理而系统地编制和处理的过程。

（一）活动材料的设计

集体舞教育活动的材料包括音乐作品、动作与队形、视觉媒介等。集体舞教育活动的材料设计一般包括以下四方面内容：音乐作品选择、音乐内容形象挖掘、视觉媒介设计、动作与队形编排。

1. 集体舞音乐作品选择要点。

（1）音乐句段结构比较工整、拍点比较明确。

音乐的句子结构工整是指一段音乐中所有的句子拍数相同，如所有句子都是一句8拍、16拍等。音乐的段落结构工整是指段落中的所有句子很工整，同时段落与段落之间没有过渡句、过渡段，另外段落转换很容易被辨认出。音乐的拍点明确是指音乐配器风格能给出重拍并很有规律。一般而言，集体舞的音乐是句段结构很工整、拍点很明确的，这是由学前儿童音乐与动作发展水平决定的。但是，不是绝对不能出现结构不太工整、拍点不太明确的音乐。如果教师已经找到让儿童理解与表达这些不工整音乐的途径与方式，那么尝试挑战也未尝不可。

（2）音乐旋律清晰、形象鲜明。

就旋律清晰而言，学前儿童喜欢主调音乐，所有音乐必须要有明确的主旋律能让他们哼哼哈哈，否则他们"六亲不认"。如果音乐的形象特别适合动作模仿、情节表现、情绪表达等，那么这种音乐被称为形象鲜明。音乐的鲜明形象是激发儿童从事音乐表现活动的重要条件。

（3）音乐速度适宜。

音乐速度是评价儿童音乐能力的重要指标。3岁时由音乐速度去配合儿童的动作，到4岁时儿童能主动用动作配合中速音乐，再到5岁时能主动用动作配合稍快与稍慢的音乐。儿童舞蹈时对音乐速度的内在要求，需要教师有意识地关注。如果音乐材料的其他要求都很适合儿童，就是速度出现一些问题，那么我们就应该毫不含糊地用科技手段调整音乐的速度。

2. 音乐内容形象挖掘。

本书涉及五种类型的幼儿园音乐教育活动，每种活动都始于音乐欣赏与感受，集体舞教育活动也不例外。幼儿对某一音乐作品的感受程度是受这一作品内容形象被挖掘的程度制约的，音乐内容形象被挖掘得越生动、越接近幼儿生活与趣味，幼儿越容易感受到这一音乐作品。事实上，这里所说音乐内容形象挖掘方式也就是音乐作品的欣赏方式。下面我们介绍用于幼儿园集体舞教育活动中音乐作品的欣赏方式或音乐内容形象的挖掘方式。

（1）音乐内容形象的情境性挖掘。

音乐内容形象的情境性挖掘是指用人物、动物行为构成的具体事件去解释音乐的一种音乐作品内容具体化方式。幼儿园音乐欣赏教育活动基本上采用这种方式，其他教育活动类型也经常采用这种方式。在集体舞教育活动中，音乐内容形象的情境性可以以故事的方式展开，也可以指向幼儿生活情境。所以，音乐内容形象的情境性挖掘具有两种方式：指向幼儿生活情境的情境性挖掘与指向故事的情境性挖掘。

（2）传统游戏成为音乐内容形象的挖掘方式。

传统游戏成为音乐内容形象的挖掘方式是指把传统的游戏玩法直接植入到集体舞中，集体舞的身体动作由传统游戏的玩法构成。这是集体舞与传统游戏的一种嫁接，一旦成功能极大地激发幼儿的音乐学习兴趣，是幼儿园集体舞教育活动中对音乐内容形象挖掘的特有方式。

（3）动作层级推进的欣赏方式。

音乐内容形象就是集体舞的动作本身，而且构成集体舞的这些动作不具有来自生活、故事、游戏等情境的具体意义。这种情况下，使幼儿感受到音乐的唯一途径是动作，如果动作设计简单并有一定趣味性，也是一种幼儿园集体舞教育活动的欣赏方式。动作层级是指身体动作按学习的难易秩序排列而形成的等级。动作层级的一般秩序为上肢动作——原地动作——队形中动作——队形变换动作。

3. 视觉媒介设计。

在幼儿园集体舞教育活动中，视觉媒介设计主要有视频、图片设计，而且主要是用在故事、情境性欣赏方式中。视频、图片等设计思路及要点与歌唱、欣赏、打击乐教育活动一样，这里不再赘述。

4. 集体舞的动作设计。

集体舞动作设计要遵循"由易至难"原则，目的是在每个教学环节出示的新动作都要达到"发展适宜"指标：一方面保证新动作是在幼儿动作能力范围内，另一方面保证新动作具有"新"的意义。集体舞动作由易至难的设计，一般由以下五个部分构成：

（1）确定固定模型动作。

模型动作是指以一句音乐为单位，用一到两个动作构成这句音乐的动作句型，这种有句型的动作即模型动作。模型动作因其具有句子单位、合拍及拍率统一等特征而彰显结构化，很容易被识别、记忆。

确定固定模型动作，用通俗的话说，就是编排好集体舞的动作，但需要用模型动作的标准检验我们编排的集体舞动作是否达到结构化指标。集体舞动作最怕杂乱无序，表现为：第一，一句音乐中动作变化繁多。第二，动作拍率不统一。有时一拍一个动作有时半拍一个动作，想快就快、想慢就慢；动作有时有拍点有时又没有拍点。第三，句子与句子之间的动作没有逻辑性或相关性。第四，段落与段落之间不具逻辑性或相关性。

固定模型动作一般表现为：第一，每段音乐有固定的几个动作，这几个动作在逻辑上具有情节、类型等相关度，很容易从一个动作推断出其他动作。第二，动作具有重复性。第三，段与段之间的动作形成一定的对比。

（2）确定上肢动作。

一般而言，集体舞动作创编完毕后的第一件事是把集体舞动作的下肢动作抽离，保留只有上肢动作的一套动作，它往往是集体舞教学的第一个要让幼儿观察模仿的环节。由于只有上肢动作，所以，这个环节可以让幼儿坐在座位上完成，非常有利于集体教学的秩序维持。

（3）确定下肢原地动作。

把上肢动作加上原地的下肢动作，就成了一套下肢原地动作。这套动作的学习可以在座位边进行也可以在队形中完成，但一定没有空间位置的移动。由座位上的上肢动作变成队形中的原地动作，看上去增加的内容不多，但因为有了队形，就有了对集体舞教学的常规的考验。

（4）确定队形变换动作或舞伴交换动作。

一般而言，集体舞教学中的移动动作与交换舞伴动作是同一的，集体舞队形中的移动就是为了交换舞伴。集体舞教学的主要价值是社会性交流，交换舞伴是实现这一价值的主要手段。可以说，交换舞伴是集体舞的一种标示。

（5）其中一段由固定模型动作转换成即兴动作。

集体舞教学的另一个重要价值是让幼儿进行动作即兴创编，发挥幼儿的创造激情。但是，音乐中的动作创造是受意象或想象思维制约的，缺少音乐与动作之间类比特性的"创造"往往是臆想，这种不具艺术思维特征的臆想不会发展幼儿的想象力、创造力，却能伤害幼儿的学习品质。一般而言，我们会把一段需要幼儿即兴的动作先由教师按照音乐与动作的类比标准创编出来，让幼儿学会这段动作。教师创编的这段动作，是具有结构特征的模型动作，容易使幼儿模仿并理解。当幼儿熟悉这段模型动作后，就可以要求幼儿以教师给的模型动作为榜样，即兴创编同结构但不同样式的动作。这种情境中的动作即兴创编，幼儿需要启动音乐思维，并依赖想象与表演的双重能力。

集体舞教学离不开上面五部分有关动作的精心预设。这种设计是以课堂教学过程情境为支撑思维的，它既是集体舞的动作设计又是集体舞教学所内含的步骤。在集体舞课堂教学过程中，一般会按照以上五个内容中的后面四个内容顺序实施教学。一般的顺序是上肢动作——下肢原地动作——下肢移动动作——即兴动作。但是，并非每个教学必按这四个步骤僵化地进行。不同的集体舞音乐与动作会有不同的教学要求，集体舞的教学千姿百态。不从上肢动作开始的集体舞教学也很常见，关键不在于是否按四个步骤的顺序，而在于每个步骤是否都课前考量过，最后教学顺序或步骤的确立是否有足够的依据。

（二）集体舞教育活动目标设计

1.集体舞教育活动目标具有欣赏与集体舞的两重目标。

集体舞教育活动一般一课时完成,当既有队形变换又有即兴创编时,集体舞教育活动就由两课时构成。无论是一课时还是两课时,活动的开始部分都是幼儿欣赏或感受音乐作品的环节,这一环节结束的标志是幼儿能够做原地的身体动作。

如果第一课时是欣赏活动,其活动目标与欣赏教育活动相同。第一课时的集体舞教育活动与第二课时集体舞教育活动中的队形变换环节,它们的活动目标都指向集体舞活动的目标特性,主要指幼儿合作性身体动作表演目标,具体包括队形中(合作性)的合乐表演与即兴表演。

2. 集体舞教育活动中指向随乐合作做动作关键经验的目标表述。

(1)集体舞教育活动随乐合作做动作目标的范围。

在集体舞教育活动中"合作做动作"中的"合作"是指为保持有序队形需要关注并协调的所有行为,包括上肢动作方向、下肢移动方向、与舞伴的空间距离、轮流做动作的序列、与同伴情感交流等。这种在音乐中包括既需要自身协调又需要与他人协调的"合作"行为是一种较高水平的音乐表现,这种音乐表现力的培养是集体舞教育活动才能给予的。简单地说,合作做动作只包括两方面:队形变换与即兴动作。在集体舞过程中,完成队形变换与即兴动作的过程,是集体中的每一个幼儿协调自身行为并很好地与他人合作的结果。

(2)集体舞教育活动中随乐合作做动作目标的表述。

针对队形变换目标,一般需要明确在音乐的哪一句完成哪种类型的队形变换;针对即兴动作,一般需要说明是以哪种方式完成什么样的即兴动作。

(3)集体舞教育活动目标表述的范例。

这里分别呈现一课时集体舞教育活动与二课时中第二课时的集体舞教育活动目标的范例。

范例一,大班集体舞教育活动《欢乐鼓》活动目标。(一课时目标)

活 动 目 标

- 通过观察与模仿教师的身体动作示范表演,用原地动作表达出乐曲的句子与段落变化。
- 合作完成A段双圈S型队形变换,B段鼓的位置的即兴变换。
- 享受集体舞活动中的乐器演奏,体验克制与合作行为所带来的有序的集体活动。

范例二,大班集体舞教育活动《匹诺曹》活动目标。(第二课时目标)

活动目标

● 合作完成B段b句双圈S型队形变换,并尝试在C段处的S型队形变换。
● 尝试A段即兴合拍的木偶动作,体验即兴动作所带来的愉悦情绪。

(三)集体舞教育活动的过程设计

1. 集体舞教育活动的一般环节。

幼儿园集体舞教育活动一般包括以下四个环节,只要具备第一、第二个环节就构成集体舞教育活动:

◆ 欣赏(完成乐曲的感受与原地身体动作表现)

◆ 队形中的身体动作表现

◆ 变换队形的身体动作表现

◆ 即兴的身体动作表现

(1)欣赏环节。

集体舞教育活动中欣赏环节的主要任务是引导幼儿完成对音乐作品的感受与原地的身体动作表现。集体舞教育活动中的欣赏方式主要有以下四种:

◆ 情境性身体动作表演的欣赏方式

◆ 传统游戏表演的欣赏方式

◆ 动作层级推进的欣赏方式

◆ 动作模型的欣赏方式

第一种情境性的欣赏方式肯定是最受幼儿欢迎的一种方式,但是,对于段落结构比较简单的集体舞音乐而言,寻找角色情境去解释音乐作品是有一定难度的。传统游戏的集体舞化表演也是深受幼儿欢迎的一种欣赏方式,受传统游戏数量的限制,这种欣赏方式在数量上也不会太多。严格意义上说,集体舞教学必须执行动作层级推进的策略,由上肢动作到下肢原地动作到下肢移动动作等,这种由简到难的教学秩序是所有教育活动都需要遵守的教学原则。幼儿园集体舞教育活动在应用动作层级策略方面是非常突出的,突出到这种策略可以单独成为一种幼儿欣赏与感受音乐的方式。动作模型的欣赏方式是指为一个集体舞作品设计的动作有明显的重复性,这些重复性特征构成模型,幼儿通过学习一些重复性动作来感受音乐的句子与段落结构。

欣赏环节大约占一个集体舞教育活动的四分之一时间,欣赏环节结束的标志是幼儿能够自如地表演集体舞的原地动作,即用上肢动作表现音乐的句子与段落结构。因为清晰地理解一个音乐作品的段落与句子是感受或理解这个音乐作品的标志,而幼儿头脑中的意识我们无从得知,只能通过他们的上肢动作表现来确认。当幼儿能用上肢动作清晰地表达出音乐的句子、段落时,我们可以确认幼儿理解了这段音乐。基于这种理解,难度更大的下肢动作表现、队形动作表现、即兴动作表现才有可能进行。

（2）队形中的身体动作表现环节。

原地动作是指脚上没有动作,而队形中的动作是有脚上动作的,只是没有队形变换而已。所以,就动作类型而言,第一环节的欣赏是上肢动作,第二环节队形中的动作是指下肢动作,其区别就在于上肢与下肢动作的区别。所有的上肢动作的合拍都在幼儿音乐学习的最近发展区内,所有的下肢动作的合拍都在最近发展区外,这就是两者的巨大差异。对幼儿而言,走路、跑步以及所有的基本步（踵趾步、跑跳步、垫步等）的合拍都是非常难的,很难在短时间内完成。

如果集体舞的动作具有脚上的基本步,所有的脚上动作必须在课前完成,在集体舞教育活动的一课时时间内是完成不了基本步的。这就是集体舞教育活动的特别之处,或需要特别遵守的一条原则。比如,范例《摘橘子》,它的第一个动作:跑跳步跑两步,然后脚步停止看同伴,这个动作是在课前完成的。对中班幼儿来说,在日常生活中分散自由式地学习这样一个基本步,需要用几周的时间。集体舞中用到的基本步,让幼儿在轻松、自由气氛中学习是比较合适的。

在基本步已经有经验储备的前提下,由原地动作进入队形中的动作就相当容易了,只要过一到两遍音乐就可以了。

（3）变换队形的身体动作表现环节。

小中班的集体舞不一定需要队形变换,所以,从第三个环节开始主要是针对大班集体舞教育活动。

幼儿园集体舞的队形变换实际是指变换舞伴而非真正的由一种队形变成另一种队形,但是,幼儿还是需要打乱原先的队形位置,做出一些特别的移动从而达到变更舞伴的效果。对幼儿而言,变换舞伴所带来的队形变动还是具有一定的复杂性,要求全体幼儿在行动时方向、速度一致,所以,这一环节对幼儿做动作时的合作性、协调一致性要求较高。

（4）即兴动作表现环节。

经常开展集体舞教育活动的班级就一定会很乐意把集体舞推向即兴动作表现环节，因为让幼儿即兴表现所带来的课堂愉悦、主动状态是没有即兴的集体舞教育活动所没法企及的。但是，即兴表现并非无序无的放矢地做动作，集体舞音乐教育活动中的幼儿即兴动作表现对教师的指导有较高的要求。

集体舞教育活动中的即兴动作表现往往是针对集体舞音乐作品中的其中一段展开的，把其中一段的模型动作用幼儿自己的即兴动作替代。展开幼儿即兴动作表现环节，教师需要提供给幼儿以下四个条件：

第一，模型动作的给予。幼儿通过模型动作感受这段音乐的拍子、句子，并理解这段音乐与其他段落之间的关系结构。

第二，即兴动作创编思路的给予。如果原来模型动作由四个动作构成，那么即兴创编也是四个动作，这四个动作可以是在一个情境下的，如运动情境、洗漱情境，也可以是完全自由搭配的。

第三，即兴动作创编与练习时间量的给予。每个幼儿进行即兴动作创编并合上音乐时，教师需要给幼儿一定时间练习，幼儿练习时教师巡回指导，确认每个幼儿已经有自己的动作。

第四，幼儿在即兴表演时教师需要给予预警与指点。

展开幼儿即兴动作表现环节，一般有以下两种游戏化情境：

第一，领头人游戏情境。到即兴动作创编的音乐段落，教师临时指定领头人，这个领头人进行即兴动作的创编，其他人跟着领头人做动作。

第二，照镜子游戏情境。双圈队形或邀请舞时，所有舞者是面对面的，这时一半的舞者可以进行即兴动作创编，其舞伴则进行模仿。这种动作模仿形式是镜面式的，最容易让幼儿理解这种模仿形式的语言就是"照镜子"，让幼儿像照镜子一样做动作。

2. 每一环节与每一环节中涉及的关键经验。

（1）音乐欣赏环节及涉及的关键经验。

● 音乐内容的语言描述
● 音乐内容的动作探究
● 对身体动作的语言描述

- 合拍做动作
- 合句段结构做动作

音乐欣赏环节相当于一个完整的音乐欣赏教育活动，凡音乐欣赏教育活动需要涉及的关键经验在《打击乐》教育活动的这一环节也同样涉及，具体要求与欣赏教育活动相同，这里不再赘述。

（2）队形中的身体动作表现环节与变换队形的身体动作表现环节。

- 合拍合句段结构做动作

这个环节的合拍合句段结构做动作中指的动作是下肢动作，需要在日常生活和活动中获得这一条关键经验。

（3）变换队形的身体动作表现环节及涉及的关键经验。

- 随乐合作做动作

"合拍与合句段结构做动作"中的动作也具有协调性，但是属于自身动作间、动作与音乐间的协调。集体舞变换队形中身体动作的协调性主要指与他人之间的协调，所以是合作做动作。

（4）即兴动作表现环节及涉及的关键经验。

- 随乐合作做动作

集体舞即兴动作表现中的协调性除了指与他人之间的协调外更指动作与音乐的协调，由于是即兴表演，所以动作与音乐的协调要求非常高。音乐稍纵即逝，协调反应得慢的话，会出现音乐已逝而动作还没出来的情况。所以，即兴动作表现对幼儿的随乐表现能力的培养是极其有效的。

（四）集体舞教育活动方案的结构

集体舞教育活动方案由四个部分构成：音乐材料、活动目标、活动准备与活动过程。第一，音乐材料部分。音乐材料部分需要呈现乐谱、对音乐作品的内容形象幼儿化挖掘所需要的视觉直观教具、（图片、视频、图谱等）对音乐作品的动作设计、队形变换与即兴动作设计。第二，活动目标部分。集体舞音乐教育活动的目标可能会由感受目标、队形变换目标、即兴动作目标等几方面构成。第三，活动准备部分。准备部分包括经验准备与物质准备两部分。经验准备主要是脚上基本步的准备，这一条必须得完成。物质准备主要指设备、教具、学具的准备。第四部分，活动过程部分。过程部分一般是按照音乐欣赏、队形动作、（下肢动作）队形变换动作与即兴动作四个环节推进。

二、集体舞教育活动的组织

集体舞教育活动的组织是指根据课堂实际情况灵活地将集体舞教育活动设计方案转化为课堂实践的过程，也是教学内容有序展开的过程。

（一）集体舞教育活动的课时安排

小中班集体舞教育活动一般一个课时完成，大班一般需要两个课时。功能完整的集体舞教育活动由原地身体动作表现、队形中的身体动作表现、变换队形身体动作表现与即兴身体动作表现四个环节构成。受身体动作的集体性合作能力还未达到成熟水平的限制，小中班的集体舞教育活动在完成队形变换与即兴身体动作表现两方面是有较大困难的。

1. 小中班一课时的教学环节。

一课时集体舞教育活动主要由原地身体动作表现、队形中的身体动作表现两大环节构成，但是，原地身体动作表现实际上是欣赏活动环节，这一环节本身又由三个环节构成：

（1）音乐内容感受环节；

（2）音乐形式感受环节；

（3）原地身体动作表现环节。

而队形中的身体动作表现实际上是指下肢身体动作，所有下肢身体动作必须在课前做好经验铺垫准备，所以，这一环节在教育活动的实施过程中占有极少的时间。综上所述，小中班一课时教学环节具体如下：

（1）音乐内容感受环节；

（2）音乐形式感受环节；

（3）原地身体动作表现环节；

（4）队形中的身体动作表现环节。

2. 大班两课时的教学环节。

一般情况下，第一课时完成原地身体动作表现、队形中的身体动作表现两环节，第二课时完成变换队形身体动作表现与即兴身体动作表现两环节。下面为第二课时的环节安排情况：

（1）给出即兴动作思路并花时间练习；

（2）复习队形中的身体动作表现；

（3）学习队形变换，完成队形变换的身体动作表现；

（4）加入即兴动作表现，完成队形变换与即兴动作表现。

大班集体舞教育活动第二课时的第一环节往往从即兴动作表现的教学内容开始，这个环节一般在座位上进行、需要充足的时间、需要幼儿思维的积极参与，所以把这一教学内容前置是比较符合集体舞教育活动展开的顺序。到了第四环节，直接把第一环节已经学过的内容运用出来就行了，这就避免出现在教育活动的最后时间段用来学习新的教学内容的不符合学习心理规律的现象。

（二）指向关键经验的集体舞教育活动组织

集体舞教育活动的组织即集体舞教学内容的有序推进，同时每一项教学内容都具有指向关键经验获得的功能。下面为二课时四环节集体舞教育活动的教学内容组织与指向的关键经验：

1.原地身体动作表现。（欣赏活动）

（1）音乐内容感受环节。（指向语言、动作描述关键经验）

● 让幼儿用语言与动作描述音乐内容形象。

（2）音乐形式感受环节。（指向语言、动作描述关键经验）

● 让幼儿用语言描述动作的类型、做法。

● 让幼儿用语言描述音乐的速度、力度特征。

（3）原地身体动作表现环节。（指向合拍、合句段结构做上肢动作关键经验）

2.队形中的身体动作表现环节。（指向合拍、合句段结构做下肢动作关键经验）

3.队形变换身体动作表现环节。（指向语言描述与随乐合作做动作关键经验）

（1）教师示范，幼儿用语言描述教师是如何变换队形的。

（2）根据教师的指令，幼儿执行方向与动作协调一致的队形变换动作。

（3）在音乐中幼儿执行方向与动作协调一致的队形变换动作。

4.即兴动作表现环节。（指向语言描述与随乐合作做动作关键经验）

（1）让幼儿用语言描述即兴段模型动作的特征。

（2）要求幼儿自由创编与模型动作不一样的一组动作。

（3）与幼儿讨论如何又快又好地创编与模型动作不一样的一组动作？

（4）根据幼儿提出的又快又好的创编策略进行创编。

（5）教师给出几种创编策略供幼儿采纳。

（6）留一定时间让幼儿分散地进行创编，至少创编一组动作。

（7）教师放音乐，请每个幼儿展示自己创编的一组动作，教师认真观察，确认所有幼儿有自己的创编动作。

（8）把准备好的即兴动作运用到集体舞中。

第三部分　幼儿园音乐游戏教育活动的设计与组织

一、音乐游戏教育活动的设计

在讨论幼儿园音乐游戏教育活动的设计之前，我们先对幼儿园音乐游戏教育活动做个界定。幼儿园音乐游戏教育活动是指把竞争性规则游戏植入音乐作品中的一种身体动作表现活动。其实质是具有竞争性游戏规则的幼儿园音乐教育活动，即在幼儿园音乐教育情境中把竞争性规则游戏植入音乐作品中的一种身体动作表现活动，旨在提高幼儿随乐的规则性身体动作表现能力与社会性规则意识。

就认知发展水平与社会性发展水平而言，3—6岁幼儿还未达到能够自主开展规则游戏的水平，所有的规则游戏都是在教师的引导下展开的，所以，幼儿园音乐游戏教育活动是在教师引导下才能开展的一种活动。

幼儿园音乐游戏教育活动具有两种特殊性：

第一，主要在大班或中班第二学期实施。受认知与社会性发展水平、合作性身体动作表现能力制约，在小班与中班第一学期，幼儿完成音乐规则游戏有较大困难，因此很难开展音乐游戏教育活动。幼儿园音乐游戏教育活动是在队形中完成的，涉及大量的下肢身体动作。下肢身体动作仅是合乐的一项要求，对小班、中班第一学期幼儿就具有相当大的难度。如果要求小班、中班第一学期幼儿在进行合乐做下肢动作的同时，再保持良好的队形距离、遵守游戏中的竞争规则，挑战度太高，超出小中班幼儿的音乐、动作、合作、规则意识、竞争意识等发展水平，其结果是把音乐规则游戏演变成非音乐的规则游戏或体育规则游戏，缺失教育活动过程的发展性目标，尤其是在幼儿学习品质方面的目标。鉴于幼儿各方面发展水平，幼儿园音乐游戏教育活动一般只在大班进行，经常开展集体舞教育活动的班级有可能在中班第二学期进行。

第二，以集体舞教育活动为基础。有序的集体性竞争游戏都是在队形中完成的，涉及队形就一定涉及集体舞教育活动，因为集体舞教育活动其实质是队形变换游戏，而音乐游戏教育活动实质是有规则的队形变换游戏，所以，音乐游戏教育活动是以集体舞教育活动为基础的。

幼儿园音乐游戏教育活动中使用的音乐规则游戏经常来自集体舞，在集体舞中植入一个竞争性规则或竞争性游戏，就使集体舞成为音乐规则游戏。这种音乐游戏教育活动不只是以集体舞为基础，而且是直接来自集体舞教育活动。其他类型的幼儿园音乐游戏教育活动往往需要像集体舞教育活动一样先完成原地的身体动作表现，再完成队形中的身体动作表现，教育活动前几个环节推进与集体舞是一样的，看上去就是集体舞教育活动。从这个意义上说，集体舞教育活动是音乐游戏教育活动的基础。

幼儿园音乐游戏教育活动设计是依据音乐游戏关键经验，选择音乐作品、处理音乐作品、选择教学方式。对幼儿施加教育影响的方案，也是影响音乐游戏教育活动的主要因素，如音乐游戏教育活动目标、教育内容、教育方法、教师与幼儿以及环境媒介等进行合理而系统的编制和处理的过程。

（一）活动材料的设计

音乐游戏教育活动的材料包括音乐作品、游戏内容情境即玩法、游戏动作等。音乐游戏教育活动的材料设计一般包括以下三方面内容：音乐作品选择、游戏内容情境设计、游戏动作设计。

1. 音乐游戏作品选择要点。

音乐游戏作品首先是一个集体舞作品，所以音乐游戏作品的选择要求首先要符合我们在集体舞教育活动这一章已经阐述的三条要求：音乐句段结构工整、拍点明确；音乐旋律清晰、形象鲜明；音乐速度适宜。除此之外，音乐游戏作品还要具有便于开展游戏的特殊性，具体如下：

（1）歌曲往往比器乐曲更容易进行音乐游戏的设计。

应该说，在所有五种音乐教育活动类型中，音乐游戏的设计是最难的。它包含集体舞元素、规则游戏元素、情境表演元素，这些元素必须同时发挥功能才能把音乐游戏的特征展现出来。歌唱、欣赏这两类教育活动的设计底线是情境表演元素，即必须把音乐作品的内容形象挖掘到能够展开情境性表演的细节层面；打击乐教育活动的设计底线是情境性或视觉直观性表演元素，意思是如果音乐作品的内容形象挖掘没能达到情境性表演层面，那么音乐作品的内容形象必须达到视觉直观的层面，如用图形、声势动作等解释音乐；集体舞教育活动的设计底线有一套便于由上肢到下肢移动再到队形变换的身体动作，这些动作解释了音乐的句子与段落结构。而音乐游戏教育活动的设计则是囊括每种教育活动设计所必须具备的元素。在音乐游戏设计中，歌曲比器乐曲更有优势：就情境性表演而言，歌曲中的歌词内容已经给出表演情境的线索，所以，其表演情境的挖掘肯定比器乐曲要简单；就集体舞动作而言，如何做动作，歌曲中的歌词已经给出答案。除了规则游戏需要特别设计以外，情境性表演内容与集体舞动作设计都是歌曲的歌词本身能给予的。这样音乐游戏的设计压力就会减轻一些。

（2）音乐游戏的歌曲往往比较大型。

首先，在大班使用的音乐规则游戏作品是一个大班的集体舞作品，而大班集体舞作品至少是由二段音乐构成，一般具有三段及以上，这样的歌曲很少是幼儿歌曲。鉴于此，用于音乐游戏的歌曲往往是少年歌曲、流行歌曲、动画片主题曲等。在开展音乐游戏教育活动的第一课时欣赏活动时，需要幼儿熟悉歌曲与所有动作表演，但这类大型歌曲，幼儿是很难达到独立歌唱水平的，只要能跟着教师唱就行了。

（3）器乐曲也可以成为音乐游戏的作品。

在进行音乐游戏设计时，选择器乐曲确实比选择歌曲需要付出更多的劳动，这种多出来的劳动值与设计一个欣赏教育活动或一个歌唱教育活动多付出的劳动有得一比。器乐曲不能给予教师直接、明确的表演情境与表演动作线索，表演情境与动作的设计依赖教师对音乐作品形式元素特征的深度揣摩。鉴于此，用于幼儿园音乐游戏教育活动中的音乐作品，歌曲往往多于器乐曲，但是，无论是经典器乐还是普通的器乐舞曲，都有可能成为音乐游戏的选材对象。

2. 音乐游戏内容情境设计。

规则游戏通过竞争筛选出单独表演者，从而使游戏循环，正是这种竞争性质使得规则游戏具有比较刺激与激烈的时刻。有的传统规则游戏只有这种竞争特性，游戏是围绕这种竞争性展开的。如《抢沙坑》游戏，孩子数比沙坑数多一人，在游戏进行中占着沙坑的孩子必须换掉自己原有的沙坑，抢到新沙坑，在这种换与抢的过程中一定会有一个孩子多出来没有沙坑。游戏的内容就是游戏规则，时刻充满竞争与刺激，游戏循环很快。有的传统规则游戏除必须具有的竞争性外，还富有情境性。

如《丢手帕》游戏，孩子们可以一边唱着歌一边玩，除丢手帕的孩子有事情做外，其余孩子也要唱歌、拍手，有事情做，游戏在这个阶段气氛是轻松、悠闲的。只有当丢手帕的孩子把手帕丢出，拿到手帕的孩子快速去追丢手帕的孩子时，竞争性才显现，才到刺激与激烈的时刻。

幼儿园音乐游戏教育活动中的音乐游戏需要既有竞争性又有情境性的那一类游戏，只有竞争性的那类游戏更适合成为体育游戏。音乐是一个时间艺术，一个音乐作品一定需要一个时间段的绵延，在这个时间绵延过程中需要有具体的东西对时间进行"叙事"，这种承载时间的东西就是游戏的内容情境。所以，幼儿园音乐游戏教育活动中的音乐游戏，其样子很像《丢手帕》这样的传统游戏，是孩子们边唱歌边做动作，同时还要有竞争性的一种游戏。

针对一个具体音乐作品最终让幼儿做的是歌唱、欣赏、打击乐、集体舞还是音乐游戏，取决于教师对音乐作品的处理或设计。而所有设计的核心是音乐内容情境的挖掘，挖掘什么样的内容情境、如何去表现这种内容情境，决定了最终采用何种类型的幼儿园音乐教育活动。对幼儿园音乐游戏教育活动而言，内容情境包括全体幼儿在音乐中所表演的动作与最后筛选单独表演者时的竞争规则玩法两部分内容。音乐游戏内容情境的设计思路一般有以下三种：

（1）按歌词内容设计音乐游戏内容情境。

在音乐游戏过程中，全体幼儿所做动作所要表现的内容全部来自歌词内容，这是幼儿园音乐游戏设计中最常见的一种类型。

在具体的一个幼儿园音乐游戏教育活动教案中，游戏内容情境通过两方面内容来呈现：第一，动作设计；第二，游戏玩法。这两部分内容合起来使得音乐游戏的内容情境非常丰富，游戏内容情境越丰富越吸引幼儿。

（2）以器乐曲欣赏方式设计音乐游戏内容情境。

这类音乐游戏的作品往往是器乐曲，感受及欣赏这类音乐作品就需要丰富的内容情境表演。在设计这类作品的内容情境表演方式时采用集体舞，当然最后必须要植入一个竞争游戏。

（3）一般游戏+竞争性规则游戏的双游戏内容情境设计。

音乐游戏可以直接由集体舞演绎过来，但条件是集体舞是有内容情境的集体舞。如果要把没有内容情境的集体舞演绎为音乐游戏，那么，必须加一个内容情境进去。这种情况下，加的内容情境往往是做一个一般游戏。

如《帽子恰恰恰》这一音乐游戏活动，属于按这种设计思路设计出来的典型。此游戏来自一个简单的集体舞，但是这样一个集体舞变成一个音乐游戏时，如果内容不丰富游戏过程就不好玩，想让游戏好玩起来就必须赋予游戏内容的丰富性。因此，在游戏内容设计中先植入一个帽子传递游戏，幼儿一旦把帽子传递起来，活动也变得好玩起来。为了出现竞争规则，传递的帽子是两顶，这样就把一个一般的传递帽子游戏与一个有竞争性的抢帽子规则游戏结合起来，既具有丰富的过程性内容，又有用于筛选的结果性内容，这样，一个典型的音乐游戏便产生了。

3. 音乐游戏的动作设计。

严格意义上说，音乐游戏教育活动中涉及的身体动作有两套：集体舞模型动作与游戏玩法动作。集体舞模型动作是我们界定的幼儿园音乐游戏教育活动的突出标志。设计集体舞模型动作的价值在于：第一，需要通过这套动作的学习让幼儿感受音乐作品的音乐特征，尤其是乐句乐段的结构特征；第二，为游戏玩法动作的学习打下基础，因为游戏玩法动作只是对模型动作的稍稍改变。

（1）集体舞模型动作的设计。

音乐游戏的动作首先是集体舞动作，准确地说属于集体舞教学中的模型动作范畴。无论是集体舞教育活动还是音乐游戏教育活动，都有模型动作的设计与学习。模型动作即原地动作，是在第一课时音乐欣赏环节教学中必需的。严格意义上说，音乐游戏的第一课时与集体舞教育活动的第一课时非常相似，都是模型动作的学习，音乐游戏与集体舞教育活动的区别在于第二课时。集体舞教育活动的第二课时是由模型动作走向队形变换与即兴动作，而音乐游戏教育活动的第二课时则是由模型动作走向游戏玩法动作。

一般而言，音乐游戏的模型动作设计主要有以下两种方式：

① 按歌词内容设计模型动作。

按歌词内容设计模型动作的要求与歌唱教育活动这一章中我们已经介绍的歌曲的动作设计要求是一样的，主要包括：每一句有一至两个动作，动作构成重复；动作要有拍点，等等。

② 按集体舞设计思路设计模型动作。

在集体舞教育活动这一章中，我们介绍了集体舞动作设计的要求，其中第一条就是讲模型动作的设计。音乐游戏教育活动中的模型动作设计与集体舞教育活动中的模型动作设计要求是一样的，主要包括三条：第一，每段音乐有固定的几个动作，这几个动作在逻辑上具有情节、类型等相关度，很容易从一个动作推断出其他动作。第二，动作具有重复性。第三，段与段之间的动作形成一定的对比。

（2）游戏玩法动作的设计。

在设计游戏玩法动作时，思路的前提是音乐游戏的玩法先出现，而音乐游戏的玩法实际上是音乐游戏的内容情境。所以，内容情境设计的三种思路就是游戏玩法的设计思路，也是游戏玩法动作的设计思路，这三者只是用不同的语言讨论着同一个话题。这里不再赘述。

（二）音乐游戏教育活动目标设计

1. 音乐游戏教育活动目标具有集体舞表演与音乐游戏玩法表演的两重目标，音乐游戏教育活动一般由两课时完成。如果是歌曲，第一课时完成合拍合曲段结构的身体动作表演，这种表演可以是有队形的，也可以没有队形。如果是器乐曲，第一课时完成集体舞的模型动作表演，这套模型动作可以在队形中，也可以不在队形中。总之，第一课时的教学功能是完成对音乐作品的欣赏或感受，并以身体动作表演的方式来确认幼儿已经感受到的音乐作品的核心特征（拍子、句段结构），所以，第一课时的活动目标集中于对音乐作品的合乐表演。音乐游戏教育活动的第二课时往往通过稍加改变第一课时模型动作的方式让幼儿学习音乐游戏玩法与规则，所以，第二课时的活动目标指向遵守游戏规则前提下的合乐做动作。下面我们着重讨论第二课时的目标表述。

2. 音乐游戏教育活动中指向随乐按规则做动作关键经验的目标表述。

（1）音乐游戏教育活动随乐按规则做动作目标的范围。

"随乐按规则做动作"目标是"合乐做动作"与"合规则做动作"的交糅。音乐游戏教育活动第二课时的活动内容是完成游戏的规则与玩法。规则只占整个游戏玩法的两句音乐左右，大多数时间属于游戏的非规则部分。鉴于此，我们可以这样来分"随乐按规则做动作"这一条目标。非规则部分的游戏，幼儿需要完成"合乐做动作"的目标，而规则部分的游戏，幼儿需要完成"合规则做动作"的目标。在幼儿园音乐教育活动中，实现"合乐做动作"的目标已属不易，实现"合规则做动作"的目标，需要教师具有较高的音乐教学专业性。游戏规则具有竞争、对抗性，基本上又是在奔跑中完成。这种在奔跑中完成对抗或竞争的活动最容易把幼儿的神经系统惹得兴奋过度，对自制能力还非常弱的幼儿来说，遵守这种规则确实是一种挑战。实现"合规则做动作"目标包含两个方面：第一，按照规则规定的方向进行奔跑或抢占；第二，按照规则规定的音乐中的句子，开始与结束奔跑或抢占动作。

（2）音乐游戏教育活动中随乐按规则做动作目标的表述。

在具体音乐游戏教育活动中，"随乐按规则做动作"目标一般分为以下两项目标来表述：第一，按照音乐的句段结构完整地玩游戏；第二，在游戏规则处，按照规则规定的方向与音乐句子进行奔跑或抢占。

在具体活动的目标表述时，需要把如何奔跑如何抢位等规则的具体内容表述出来。

（3）音乐游戏教育活动目标表述的范例。

这里呈现音乐游戏教育活动第二课时目标的表述范例。

范例一，中班音乐游戏教育活动《饼干与酸奶枪》活动目标。（第二课时）

活动目标

● 合乐完整表演音乐，最后饼干软掉情节需要即兴创编动作。
● 遵守饼干缓缓倒地与饼干倒地后两侧幼儿才能跑的规则。
● 学习有序的集体活动所需要的自我克制行为。

范例二，大班音乐游戏教育活动《酸酸葡萄》活动目标。（第二课时）

活动目标

● 在单圈队形中边跟唱边合拍表演身体动作。
● 遵守在歌词"酸"字处单独表演者拍一位幼儿肩膀，然后两人追逐竞跑抢位的规则。
● 即兴创编逗狐狸动作并用语言描述所创编的动作的好玩点。

（三）音乐游戏教育活动的过程设计

1. 音乐游戏教育活动的一般环节。

幼儿园音乐游戏教育活动一般包括以下四个环节：

- ◆ 欣赏（完成音乐作品的感受与原地身体动作表现）
- ◆ 队形中的身体动作表现
- ◆ 游戏玩法与规则表现
- ◆ 游戏循环表现

一般情况下，以上四个环节分两课时完成。第一课时完成一、二环节，第二课时完成三、四环节。

（1）欣赏环节。

音乐游戏教育活动中欣赏环节的主要任务是引导幼儿完成对音乐作品的感受与原地的身体动作表现。音乐游戏教育活动中的欣赏方式主要有以下三种：

- ◆ 为歌词创编动作的欣赏方式
- ◆ 器乐曲内容情境表演的欣赏方式
- ◆ 集体舞动作表演的欣赏方式

用于音乐游戏教育活动的音乐作品多数为歌曲，虽然很少是幼儿歌曲，往往是少年、成人歌曲，但是游戏玩法来自歌词内容以至于幼儿可以边跟唱边玩，这种游戏方式始终是幼儿最喜欢的。对应游戏玩法来自歌词内容，音乐游戏教育活动中最常见的欣赏方式是根据歌词内容创编动作，幼儿与教师一起在创编歌词动作的过程中感受音乐特征，同时完成一套表现歌曲的身体动作。

第二种欣赏方式往往是针对器乐曲，教师需要对器乐曲进行内容形象的挖掘，把用于听的器乐曲变成很好看的有内容情境的身体动作表演，幼儿在学习这种有内容情境的身体动作表演的过程中，感受器乐曲的音乐特征。第二课时的游戏玩法是基于这套身体表演动作而设计的。

第三种欣赏方式可以是歌曲，但往往是难度较大的歌曲，也可以是器乐曲，但往往是偏舞曲的器乐曲。教师为这样的歌曲或器乐曲设计了一套模型动作，这些动作没有太浓的内容与情境性，但动作简单，适合幼儿舞蹈。幼儿通过这套动作的学习来感受音乐作品的音乐特征，尤其是音乐的拍子与乐句乐段结构特征。

（2）队形中的身体动作表现环节。

原地动作是指脚上没有动作，而队形中的动作是有脚上动作的，只是没有队形变换而已。第一欣赏环节已经完成了原地动作或上肢动作，第二环节队形中的动作是指下肢动作，其区别在于上肢与下肢动作的区别。我们已经反复强调所有的下肢动作的合拍都不在幼儿的最近发展区，所以下肢动作需要在日常生活或活动中完成。

少数音乐游戏在这一环节还有简单的队形变换动作，无论有否队形变换，只要涉及下肢动作，都要通过日常生活或活动预先完成合乐做动作任务。

与集体舞教育活动的这一环节一样，当下肢动作已经有经验储备的前提下，由原地动作进入队形中的动作就相当容易了，只要过一到两遍音乐就可以了。

（3）游戏玩法与规则表现环节。

这一环节是显现音乐游戏特性的环节。音乐游戏教育活动中的游戏玩法往往由两套动作系统同时展开。一套用于全体表演，一套用于单独表演。在音乐游戏教育活动的第一、二环节中学习的一套模型动作往往是全体表演动作与单独表演动作的交糅，但以全体表演动作为主。在这一环节需要让幼儿既会表演全体动作又会表演单独动作，以至于任何时候，全体与单独表演的双线都能同时展开，这种全体与单独双线并进的表演方式就是音乐游戏的玩法。这一环节教师的任务之一就是通过示范、讲解、讨论与模仿表演等策略，使幼儿掌握这种双线并进的表演方式，并乐在其中。

这一环节教师的第二个任务是让每一个幼儿熟练掌握游戏规则，能不受规则影响流畅地完成双线并进的表演方式。游戏规则往往只占两句左右的音乐时值，遵守规则表现为以下两方面：第一，按照规则规定的方向进行奔跑或抢占；第二，按照规则规定的音乐中的句子，开始与结束奔跑或抢占动作。教师通过教学策略使幼儿在玩游戏的过程中，对其中几句音乐起特别反应，并做出回应性的行为。当幼儿做出的回应行为是合规则的，那么游戏就会产生刺激、紧张但不会被中断、破坏的效果，这种效果标志着音乐游戏得到有序展开。

（4）游戏循环表现环节。

这是检验幼儿是否掌握音乐游戏玩法与规则的一个环节，也是让幼儿尽情享受游戏过程的环节。只有幼儿掌握规则、遵守规则并严格合上音乐句段结构，游戏才能循环表演，否则幼儿一定会纠结在规则处，表现为动作表演停止，从而使流动的音乐失效。所以，检验第三环节是否完成就看第四环节能否展开。

2. 环节与环节中涉及的音乐游戏关键经验。

（1）音乐欣赏环节涉及的关键经验。

● 音乐内容的语言描述。

● 音乐内容的动作探究。

● 对身体动作的语言描述。

- 合拍做动作。
- 合句段结构做动作。

音乐游戏教育活动中的音乐欣赏环节虽然不能等同于一个完整的音乐欣赏教育活动，但是音乐欣赏教育活动中需要涉及的关键经验在音乐游戏教育活动的这一环节也基本涉及，具体要求与欣赏教育活动基本相同，在这里不再赘述。

（2）队形中的身体动作表现环节。

- 合拍合乐句乐段结构做动作

这个环节的合拍合乐句乐段结构做动作中的动作是指下肢动作，需要在日常生活或活动中获得这一条关键经验。

（3）游戏玩法与规则表现环节涉及的关键经验。

- 随乐合规则做动作

"随乐按规则做动作"由"合乐做动作"与"合规则做动作"两方面构成。就音乐游戏全体表演与单独表演双线并进的完整玩法而言，需要做到"合乐做动作"；就音乐游戏的竞争筛选单独表演者之处，需要做到"合规则做动作"。两者都完成即"随乐按规则做动作"。

（4）游戏循环表现环节涉及的关键经验。

- 随乐按规则做动作

在第三环节，当音乐游戏还不能循环进行时，幼儿只是在接触"随乐按规则做动作"这一关键经验。只有到了第四环节并完成第四环节，才能说幼儿真正获得了这一个音乐游戏的"随乐按规则做动作"关键经验。归根结底，音乐游戏教育活动是否能够完成第四环节是是否获得这一关键经验的关键。

（四）音乐游戏教育活动方案的结构

音乐游戏教育活动方案由四个部分构成：音乐材料、活动目标、活动准备与活动过程。第一，音乐材料部分。音乐材料部分需要呈现乐谱、对音乐作品的动作设计、游戏玩法与规则。第二，活动目标部分。音乐游戏教育活动的目标一般分成两课时目标，第一课时指向对身体动作的合乐表演即音乐感受目标，第二课时指向音乐游戏玩法与规则目标。第三，活动准备部分。准备部分包括经验准备与物质准备两部分。第四部分，活动过程部分。过程部分一般是按照音乐欣赏、队形动作（下肢动作）、游戏玩法与规则、游戏循环四个环节推进。

二、音乐游戏教育活动的组织

音乐游戏教育活动的组织是指根据课堂实际情况灵活地将音乐游戏教育活动设计方案转化为课堂实践的过程,也是教学内容有序的展开过程。

(一)音乐游戏教育活动的课时安排

音乐游戏教育活动一般由两个课时构成,它主要在大班进行,中班第二学期也会涉及。

1.第一课时的教学环节。

第一课时音乐游戏教育活动主要由原地身体动作表现、队形中的身体动作表现两大环节构成。但是,原地身体动作表现实际上是欣赏活动环节,这一环节本身又由三个环节构成:

(1)音乐内容感受环节;

(2)音乐形式感受环节;

(3)原地身体动作表现环节。

而队形中的身体动作表现实际上是指下肢身体动作,所有下肢身体动作必须在课前做好经验铺垫准备,所以,这一大环节在教育活动的实施过程中其实占有极少的时间。综上所述,音乐游戏教育活动第一课时教学环节具体如下:

(1)音乐内容感受环节;

(2)音乐形式感受环节;

(3)原地身体动作表现环节;

(4)队形中的身体动作表现环节。

2.第二课时的教学环节。

音乐游戏第二课时完成游戏玩法与规则表现和游戏循环表现两环节。下面为第二课时的环节安排情况:

(1)通过部分动作的替换方式,由身体动作表演转向完整音乐游戏玩法表演;

(2)在游戏规则处进行特别练习;

(3)游戏循环表演。

音乐游戏教育活动第二课时顺利展开的关键是第一课时的进行与完成目标。目前幼儿园音乐游戏教育活动的最大问题是不分课时,一个非常复杂的音乐游戏活动在一课时完成,结果导致音乐欣赏或感受环节只占几分钟时间。在没有很好地感受音乐的前提下，直接进入游戏玩法与规则的学习，使得游戏活动过程像"压缩饼干"的制造，密度与硬度不正常。

如果从容地开展第一课时，那么第二课时三环节的推进也会从容起来。

（二）指向关键经验的音乐游戏教育活动组织

音乐游戏教育活动的组织即音乐游戏教学内容的有序推进，同时每一项教学内容都具有指向关键经验获得的功能。下面为两课时四环节音乐游戏教育活动的教学内容组织与指向的关键经验：

1. 原地身体动作表现（欣赏活动）。

（1）音乐内容感受环节（指向语言、动作描述关键经验）。

● 让幼儿用语言与动作描述音乐内容形象。

（2）音乐形式感受环节（指向语言、动作描述关键经验）。

● 让幼儿用语言描述动作的类型、做法。

● 让幼儿用语言描述音乐的速度、力度特征。

（3）原地身体动作表现环节（指向合拍、合乐句乐段结构做上肢动作关键经验）。

2. 队形中的身体动作表现环节（指向合拍、合乐句乐段结构做下肢动作关键经验）。

3. 游戏玩法与规则表现环节（指向随乐按规则做动作关键经验）。

（1）通过部分动作的替换方式，由身体动作表演转向完整音乐游戏玩法表演。

（2）在游戏规则处进行特别练习。

（3）在遵守规则的前提下，完整流畅地玩游戏。

4. 游戏循环表现环节（指向随乐按规则做动作关键经验）。

（1）教师强调游戏循环方式。

（2）循环游戏第一次。

（3）评价第一次循环游戏完成情况，并解决存在的问题。

（4）循环游戏第二次。

第四部分 幼儿园集体舞教育活动设计实例

一、小班集体舞教育活动设计实例

活动一 乒 乓 舞

（宁波市江东实验幼儿园 王银飞 执教）

 音乐材料设计

【乐　谱】

乒 乓 舞

欧美舞曲

$1=D \dfrac{2}{4}$

A

3·3 3 3 3 3 2 1 | 2 1· 1 | 3·3 3 3 3 3 2 1 | 2 1· 1 |

3·3 3 3 3 3 2 1 | 2 1· 1 | 3·3 3 3 3 3 2 1 | 2 1· 1 |

B

5 5 5 5 6 5 | 5 5 5 5 4 3 | 5 5 5 5 6 5 3 6 | 6 5· 5 |

5 5 5 5 6 5 | 5 5 5 5 4 3 | 5 5 5 5 6 5 5 3 | 2 1· 1 |

C

2 1 2 1 3· 2 | 1 1· 1 | 2 1 2 1 3· 2 | 1 1· 1 |

2 1 2 1 3· 2 | 1 1· 1 | 1 1· 1 | 1 1· 1 ‖

【音乐句段结构分析】

《乓乓舞》原是一首热情欢快的歌曲，由引子加重复的A、B、C三段构成，由于引子部分比较简短，且旋律与A段的衔接处不明显，对于小班幼儿来说要清晰地辨别并进入A段有一定的难度。在此，乐曲做了一次变奏处理，将前奏直接省略，从A段开始进入活动，A、B、C重复3次。

【动作设计】

1. 动作模型。

A段：（2×8）

进场第一遍队形：全体小朋友排队开小火车双手绕圈跑步前进。

B段：（2×8）

进场队形：每2拍做一种小动物，如：小兔，在动作上要求合上拍点，左一下右一下，左右轮换。

C段：（2×8）

这个部分主要由两个动作模型组成，分别为"自由扭扭+拍拍"和"拍拍"。每个动作各做两次。

2. 队形变化。

整个活动为散点，结伴舞队形。

A段：由原来的双手绕圈小跑步开火车变为幼儿自由邀请舞伴，找到舞伴后并相互握握手。

B段：找到舞伴后面对面做小动物的模仿动作。

C段：同基础动作。

音乐循环时，交换舞伴，B段可以根据自己喜欢的小动物形象变化模仿动作。C段始终保持不变。

【两个生活游戏玩法】

1. 游戏一：请你像我这样做。

"请你像我这样做"游戏玩法：

模仿对方的动作，重复一遍。如：教师：请你跟我这样做（做拍手的动作）；幼儿：我就学你这样做（也做拍手的动作）。在音乐活动中，也可以运用此游戏提升对节奏型的掌握。

"请你像我这样做"游戏在"乓乓舞"音乐中的玩法：

当小朋友找到舞伴做小动物动作时，舞伴就得模仿自己的动作。两人的动作保持一致。

2. 游戏二：找朋友。

（1）游戏玩法。

教师边唱《找朋友》，边去邀请一个小朋友做拉拉手、敬个礼、抱一抱的动作。之后两人再分别去找另外的小朋友做好朋友，并做相应的动作。依次与不同的幼儿做朋友，做游戏。

（2）在《乓乓舞》中的玩法。

在A段音乐开始后，由一部分幼儿分别去邀请舞伴，并握握手，让全体幼儿以邀请的形式参与到舞蹈中。

活动目标

1. 熟悉A、B、C三段音乐，感受乐曲的欢快节奏，并学习用动作表达音乐。
2. 体验与同伴用眼神、身体相互配合进行情感交流的快乐。

活动准备

1. 多媒体播放设备与音乐CD。
2. 一位配班教师。

活动过程

1. 进场（开火车的游戏）。

教师做领头人，在音乐的带动下带领幼儿做开火车的动作入场，并根据A、B、C三段音乐分别做绕圈、小兔、扭一扭等动作。（连续播放三段音乐）

2. 带领幼儿学做分解动作。

（1）学习B段乐曲的动作。

① 教师：刚才在这么好听的音乐中，哪只小动物和我们一起来跳舞了？（小兔）

② 它是怎么跳的？（引导个别幼儿跳一跳，要求一拍一下）

③ 一起和着音乐跳一跳。

（2）学习A、C段乐曲的动作。

教师：刚才在音乐中除了小兔的动作我们还做了哪些好看的动作？

练习小兔之前的动作。

练习小兔之后的动作。（这里要求拍手合拍做"乓乓"的动作，要整齐）

（3）完整地跳几遍。

3. 邀请同伴一起跳舞。

（1）教师示范邀请同伴跳舞。

教师：这个音乐真好听，我好想跟同伴一起分享，一起来跳跳，你们想不想看我是怎样邀请好朋友一起跳的呀？

（2）播放音乐一遍后提问：

① 刚才我们俩跳舞的时候开不开心？你是怎么看出来的？（眼神交流、身体互动）

② 我们两人在跳舞时的动作是怎样的？（一样，就像照镜子）

③ 再次示范一遍，引导幼儿仔细观察教师与舞伴之间眼神、身体的相互配合。

（3）幼儿邀请同伴跳。

教师：你们想不想也邀请同伴一起来跳跳呢？（播放音乐，幼儿邀请同伴一起跳）

4. 互相邀请进行舞蹈，简单创编B段动作。

（1）引导幼儿说说还喜欢哪个小动物和我们一起来跳舞？可以做什么样的动作呢？（带领幼儿做一做）

（2）跟着音乐交换舞伴进行舞蹈，在B段可以适时变化动作。但同伴间的动作必须一样。

（3）邀请客人、教师进行舞蹈。

活动二 小老鼠找朋友

音乐材料设计

【曲　谱】

小老鼠找朋友

欧美童谣
朱玛丽填词

$1=F \frac{2}{4}$

3　3　│3．2　1 6│5　-　│1．　1│2．1　2 3│2　1．2│

一　楼　住着小　老　　鼠，它真的很孤　单，想要
二　楼　住着小　老　　鼠，它真的很孤　单，想要
三　楼　住着小　老　　鼠，它真的很孤　单，想要
四　楼　住着一只老　　猫，它真的肚子饿，想要

3　3．2│1　0│5　-│5　-│5　3．2│1　-│1　-‖

去　找朋　友！　来　　来　　来　好朋　友！
去　找朋　友！　来　　来　　来　好朋　友！
去　找朋　友！　来　　来　　来　好朋　友！
吃　小老　鼠！　听　　听　　听　它在　哪？

【传统游戏：找朋友】

邀请几个小朋友出来，在全体幼儿面前找到自己的一个好朋友，与好朋友握握手；然后，与找到的好朋友一起，再去找新的好朋友。

【游戏情境设计】

邀请者伸出一个手指头，边唱第一段歌词边去邀请一个好朋友。唱到"来来来好朋友"这句时，找到好朋友并与他握手、站好。

教师说"叮咚"，电梯到了二楼。所有邀请者伸出两个手指头，边唱第二段歌词边去邀请一个好朋友。唱到"来来来好朋友"这句时，找到朋友并与朋友握手、站好。

教师说"叮咚"，电梯到了三楼。所有邀请者伸出三个手指头，边唱第三段歌词边去邀请一个好朋友。唱到"来来来好朋友"这句时，找到好朋友并与他握手、站好。

教师说"叮咚",电梯到了四楼,四楼住着一只大猫,它正饿着肚子想找老鼠吃呢,你们可得小心点。所有邀请者伸出四个手指头,轻轻唱着第四段歌词,并密切关注大猫的动向。当唱完"听听听猫在哪"时,教师大唱一声"喵",所有小朋友快速跑回自己的座位,表示逃回家了。

【动作设计】

1. 第一段。

第一句:伸出一根手指头,身体一拍摇摆一下。

第二句:双手臂交叉弯曲放胸前,身体一拍摇晃一下。

第三句:邀请朋友。

2. 第二段至第三段:除伸出的手指头根据段落变化外,其余同第一段。

3. 第四段:前两句同上,最后一句的"看"做看的动作,"听"做听的动作。

活 动 目 标

1. 理解歌词内容,愿意在每段最后一句去邀请一位或几位小朋友。
2. 在教师的带领下能合着音乐投入到小老鼠角色的扮演中。

活 动 准 备

1. 一位钢琴伴奏教师。
2. 熟悉传统游戏《找朋友》。

活 动 过 程

1. 教师边唱歌曲边讲上电梯到每一层楼去邀请小老鼠的故事。

(1) 提问:老鼠妈妈下了电梯后,唱到哪一句的时候去邀请孤单的小老鼠?是怎么邀请的?一共有几层楼?

(2) 幼儿回答,并学习每一次的邀请动作。

2. 一次邀请一个小朋友的邀请舞。

（1）教师歌唱并做唯一的邀请者，每一段邀请一个小朋友，完成四段，最后猫出现后迅速逃回家。

（2）教师歌唱请一位幼儿做邀请者，每段邀请一个小朋友，最后猫出现后迅速逃回家。

（3）教师请两个幼儿做邀请者，每个邀请者每次邀请一个小朋友，最后猫出现后迅速逃回家。

3. 一次邀请两个小朋友的邀请舞。

（1）教师示范每一段如何邀请两个小朋友。

（2）请一位幼儿做邀请者，要求每段邀请两个小朋友。

（3）请两位幼儿做邀请者，要求每段邀请两个小朋友。

活动三　小兔躲猫猫

音乐材料设计

【曲　谱】

小兔躲猫猫

苏锦辉曲

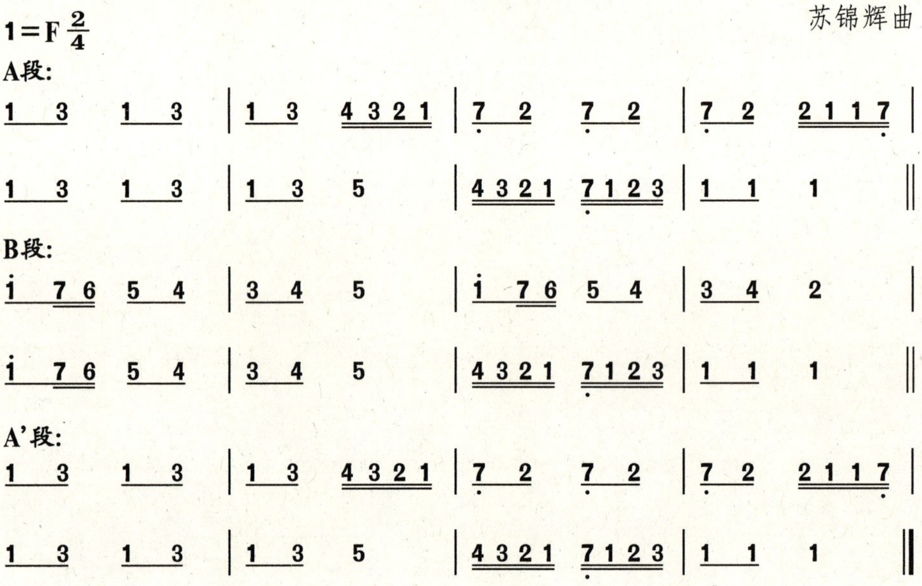

【故事情境设计】

小兔宝宝们到草地上玩，它们跳呀跳、跳呀跳，跳得可欢了。休息时，兔妈妈带小兔宝宝们玩捉迷藏的游戏，小兔宝宝们全都躲在花朵后面一动不动，妈妈怎么也找不到。休息好了，兔妈妈又带小兔宝宝们练习跳的本领了。

【动作设计】

A段：

双腿并拢，双手做兔耳朵状，做一拍一跳的兔跳动作。

B段：

躲在花朵后面一动不动。

A’段：

同A段。

活动目标

1. 根据故事情节的变化做跳与静止的动作。
2. 在音乐中做兔子蹦跳动作。

活动准备

1. 音乐 CD。
2. 小兔子头饰。

活动过程

1. 没有音乐，玩躲猫猫游戏。

（1）教师先请小朋友做躲猫猫游戏，游戏要求：请小朋友全部躲到自己的椅子背后，没有一点声音才不会被教师找到。做一次游戏。

（2）游戏后，教师再次强调"一点声音都没有"这个要求。

（3）再玩一次游戏。

2. 没有音乐，玩兔子躲猫猫游戏。

（1）教师给每位幼儿一个兔子头饰，并戴上。

① 教师：现在我是兔妈妈，你们是小兔宝宝，小兔子是怎么走路的？

② 幼儿：蹦蹦跳跳。

③ 教师：好，那我们来练练怎么做小兔子。

（2）小兔子躲猫猫。

① 教师：现在兔宝宝与兔妈妈玩躲猫猫的游戏了。要蹦蹦跳跳地去躲，躲好了之后要"一点声音都没有"，不让妈妈找到。

② 小兔子躲猫猫。

3. 加上音乐，玩兔子躲猫猫游戏。

（1）教师：现在妈妈不说"开始"这样的话了，音乐会告诉我们兔宝宝什么时候蹦蹦跳跳，什么时候躲起来"一点声音也没有"，不让妈妈找到。

（2）放一遍音乐，请幼儿倾听并用语言来说什么时候跳，什么时候躲。

（3）在音乐中，玩一次游戏。

（4）妈妈与兔宝宝讨论玩得好不好，小朋友扮演的是不是兔宝宝。

（5）再玩一次游戏，强调是"小兔子"躲猫猫。

活动四　糖果邀请舞①

【音乐材料设计】

【乐　谱】

糖果邀请舞

欧美民间舞曲

$1=C\ \frac{2}{4}$

| 1 1　1 1 | 7 1 2 7　1 | 3 3　3 3 | 2 3 4 2　3 |
| 5 5 5 1̇　7 | 4 4 4 6　5 | 3 3 3 5　4 4 | 5 4　3 |
| 5 5 5 1̇　7 | 4 4 4 6　5 | 3 3 3 5　4 4 | 5 7　1 ‖

【故事设计】

　　爱吃糖果的小河马长了满嘴的烂牙。为什么呢？因为他吃糖吃得太多了，而且还不爱漱口和刷牙。我们先来看看，小河马是怎么吃啊吃，整天吃个不停地。他先挑啊挑，挑到一颗好糖，高兴地对糖说，糖糖来吧，他抱抱亲亲，糖糖来吧，再抱抱亲亲，咕噜全吃下去了。不行，还要吃，于是又去挑了……

【动作设计】

第一句：小跑步挑糖。

第二句：挑到一颗好糖。

第三句：做拥抱动作。

第四句：做吃的动作。

第五句：再做拥抱动作。

第六句：做全部吃下去的动作。

---

① 许卓娅.幼儿艺术（音乐）教育与活动指导.南京：江苏教育出版社，2013:128.

活动目标

1. 按情节要求做好河马与糖果的角色扮演。
2. 在音乐中做好河马与糖果的角色扮演。

活动准备

1. 音乐CD。
2. 一个河马头饰。
3. 幼儿已经有坐圆、站圆、走圆的经验。

活动过程

1. 教师讲故事，请幼儿做故事中河马与糖果的角色动作。
2. 教师扮演河马，合音乐示范表演。

（1）幼儿坐在位置上，教师在音乐中扮演河马，并做出相应的角色动作。

（2）与幼儿讨论河马是怎样做动作的，小朋友应该怎样做动作才真的像糖果。

（3）教师再次示范扮演河马，幼儿做糖果配合。

3. 幼儿扮演河马与糖果的表演。

（1）请一名幼儿扮演河马，其余幼儿扮演糖果。

（2）请几名幼儿扮演河马，其余幼儿扮演糖果。

活动五　花儿与蝴蝶

【音乐材料设计】

【乐　谱】

花儿与蝴蝶
（化　蝶）

何占豪、陈　刚曲

$1=C \dfrac{2}{4}$

```
3    5. 6 | 1. 2 6 1 5 | 5. 1 6 5 3 5 | 2  -  |
2 2 3 7 6 | 5. 6 1 2   | 3 1   6 5 6 1 | 5  -  |
3. 5 7 2 | 6 1 5.     | 3 5 3 5 6 7 2 | 6.  5 6 |
1. 2 5 3 | 2 3 2 1 6 5 | 3  1 | 6 1 6 5 3 5 6 1 | 5  -  ‖
```

【故事设计】

　　春天到了，五颜六色的鲜花一朵又一朵地都开放了。美丽的蝴蝶飞出来了，飞啊飞，看到喜欢的花朵，就轻轻地停在花瓣上，亲一亲、抱一抱，心里快乐极了。花儿被蝴蝶亲一亲、抱一抱，心里也快乐极了。

【动作设计】

第一遍音乐：表示花儿开放。每一小节做一次开花的动作。

第二遍音乐：蝴蝶飞出来。飞一乐句，在花朵上亲亲、抱抱，停留一乐句。交替进行。

活动目标

1. 在一小节开一朵花的前提下，创编不同方向的花儿造型。
2. 在音乐中做开花造型与蝴蝶飞的动作。

活动准备

1. 音乐 CD。
2. 幼儿已经有坐圆、站圆的经验。

活动过程

1. 教师讲故事，请幼儿创编开花造型与蝴蝶飞的动作。

（1）教师讲故事。

（2）请幼儿做花朵，创编花儿造型。

（3）请幼儿做蝴蝶，尝试蝴蝶飞的动作。

2. 在原位合乐做开花造型与蝴蝶飞动作。

（1）在教师示范引导下，站在原位合着音乐做开花造型。

（2）在教师示范引导下，坐在位置上合着音乐做上肢蝴蝶飞的动作。

（3）在教师示范引导下，站在原位合着音乐做动脚的蝴蝶飞动作。

（4）全体幼儿站在原位，做一遍开花造型，再做一遍蝴蝶飞动作。

3. 分角色在单圈队形中表演。

（1）一半幼儿围成一圈，脸朝圈外做花朵。

（2）一半幼儿做蝴蝶，一乐句飞向舞伴（一朵花），一乐句与花儿亲亲抱抱；然后，换一个舞伴，再与花儿亲亲抱抱。

（3）全体幼儿合作表演。

（4）换角色表演。

活动六 小兔采蘑菇

（宁波市江东实验幼儿园 葛露萍 设计并执教）

音乐材料设计

【乐 谱】

小兔采蘑菇

选自《浙江省舞蹈家协会考级曲目》

$1=C \dfrac{2}{4}$

A
| 5̲ 1̲ 1̲ 3̲ 3̲ 1̲ | 5̲. 5̲ 5̲ 6̲ 5 | 5̲ 1̲ 1̲ 3̲ 3̲ 1̲ | 5̲. 4̲ 3̲ 2̲ 1 |
| 6̲. 6̲ 4̲ 6̲ 1̲ 1̲ 6̲ | 5̲. 4̲ 3̲ 4̲ 3̲ 3̲ 5̲ | 6̲. 6̲ 4̲ 6̲ 1̲ 1̲ 6̲ | 5̲. 4̲ 3̲ 2̲ 1 ‖

B
| 3. 5̲ | 1. 5̲ 6̲ | 5. 5̲ | 2. 3̲ 2̲ | 1 - ‖

A'
| 5̲ 1̲ 1̲ 3̲ 3̲ 1̲ | 5̲. 5̲ 5̲ 6̲ 5 | 5̲ 1̲ 1̲ 3̲ 3̲ 1̲ | 5̲. 4̲ 3̲ 2̲ 1 |
| 6̲. 6̲ 4̲ 6̲ 1̲ 1̲ 6̲ | 5̲. 4̲ 3̲ 4̲ 3̲ 3̲ 5̲ | 6̲. 6̲ 4̲ 6̲ 1̲ 1̲ 6̲ | 5̲. 4̲ 3̲ 2̲ 1 1̲ 5̲ 1̲ ‖

【音乐作品分析】

这是一首选自浙江省舞蹈家协会考级曲目中第一级的幼儿舞蹈乐曲，由A、B、A'三段构成，轻松活跃。A段共8小节，比较愉快活跃；B段4小节加一个尾声，与前段风格不同，速度更加轻快。第三段则与A段相同，尾声加上转音结束。全曲乐句乐段结构简单、规整。再结合让幼儿扮小兔结伴一起去找蘑菇、采蘑菇、休息时互相捶背、然后带着篮子回家等情景。让幼儿能够比较完整地表现动作。

【动作设计】

A段：第一拍，双手叉腰，双脚并拢往前跳一下，第二拍右看左看，看的同时膝盖蹲一下；重复四次。然后，手叉腰双脚并拢往前跳一下，第二拍蹲下，右手采蘑菇放左手腕里，重复四次。

B段：同伴两两合作互相捶背，两拍轮换一次。

A'段与A段相同：最后一小节加招手再见，往外走。

【即兴动作建议】

中间B段可由幼儿选择休息的方式，比如：按肩、按手等。

活动目标

1. 初步学习集体舞"小兔采蘑菇"，能和同伴跟着音乐合拍做蹦跳张望、采摘、捶背等动作。
2. 体验和伙伴共同表演的快乐。

活动准备

1. 截好的音乐。
2. 相同数量的红蓝手腕花。
3. 兔妈妈头饰一个。

活动过程

1. 跟随音乐，律动进场。

播放音乐，教师带领扮成小兔子的幼儿跳进场。

2. 动作学习。

（1）故事导入，诱发兴趣。

今天，兔妈妈要带着兔宝宝们一起去采蘑菇。兔妈妈先去采蘑菇，你们来看一看兔妈妈做了哪些动作？

（2）教师示范。（A段音乐）

① 教师跟随音乐，完整示范A段动作。

提问：你们看到了什么动作？（跳跳看看，还有采蘑菇，跳一跳）用哪只手在采蘑菇？你们再仔细看看，这些动作老师都做了几遍？（再次示范）

② 幼儿跟随音乐，练习A段动作。

动作口令：准备开始，跳一跳、找一找4遍；跳一跳，采一个蘑菇；跳一跳，采第2个蘑菇；跳一跳，采第3个蘑菇；跳一跳、采第4个蘑菇。

③ 音乐练习。

（3）幼儿捶背互动。（B段音乐）

刚才我们采了很多的蘑菇，现在小兔子们累了，怎么办？（捶背、按摩等）

（4）我们休息完，好舒服啊，现在兔宝宝们要带着蘑菇回家了，我们来看一看兔妈妈是怎么把蘑菇带回家的？（跳A'段）

你们有没有发现什么？兔妈妈回家的动作和A段的动作之间有什么关系？

那我们一起带着蘑菇回家吧。

3. 完整采蘑菇。（完整跳2遍）

（1）刚才的采蘑菇游戏好玩吗？那我们一起再去多采点蘑菇，好吗？

我们刚才是怎样采蘑菇的？先准备好，一边跳一边找，然后呢？采蘑菇放好，再跳一跳，采几次蘑菇啊？蘑菇采好之后呢？捶背，捶几次，我们休息好了，就可以回家了。那我们再一起去采一次蘑菇吧。

（2）现在兔妈妈累了，要请兔宝宝们自己去采蘑菇，你们能办到吗？（教师喊口令，动作指正，评价）

4. 律动退场，结束活动。

兔宝宝们，我们要采很多蘑菇送给其他的小兔子，那就再去多采一点吧。（幼儿跟着教师出活动室）

二、中班集体舞教育活动设计实例

活动一 摘 果 子

(宁波江东实验幼儿园 王倩赟 设计并执教)

 音乐材料设计

【乐 谱】

摘 果 子

欧美民间舞蹈

$1=C \frac{4}{4}$

A

6̣ 3 1̣ 6 3 3 3 | 7̣ 2 1̣ 7̣ 6̣ - | 6̣ 3 1̣ 6 3 3 3 | 7̣ 2 1̣ 7̣ 6̣ - |

6̣ 3 1̣ 6 3 3 3 | 7̣ 2 1̣ 7̣ 6̣ - | 6̣ 3 1̣ 6 3 3 3 | 7̣ 2 1̣ 7̣ 6̣ - ‖

B

3. 4 3. 4 | 3.2 1.2 3 - | 3. 4 5. 4 | 3.4 54 3 - |

3. 4 3. 4 | 3.2 1.2 3 - | 3. 4 5. 4 | 3.4 54 3 3.4 ‖

C

5 5 5 5 5 5 5 5 | 5 4.3 4 2.3 | 44 44 44 44 | 6 5.4 3 3.4 |

5 5 5 5 5 5 5 5 | 5 4.3 4 2.3 | 44 44 44 44 | 6 5.4 3 0 ‖

A'

6̣ 3 1̣ 6 3 3 3 | 7̣ 2 1̣ 7̣ 6̣ - | 6̣ 3 1̣ 6 3 3 3 | 7̣ 2 1̣ 7̣ 6̣ - |

6̣ 3 1̣ 6 3 3 3 | 7̣ 2 1̣ 7̣ 6̣ - | 6̣ 3 1̣ 6 3 3 3 | 7̣ 2 1̣ 7̣ 6̣ - ‖

【作品分析】

这是一首由 A、B、C、A' 四段体构成的乐曲,整首曲子较为舒缓、轻快,让人有带着愉快心情律动的感觉。A 段由四句构成,节奏轻快有动感;B 段四句较为舒缓,似故事性音调娓娓道来;C 段四句,节奏较为欢快、短促;A' 段在旋律上与 A 段较为相似。全曲句段结构简单、规整,幼儿很容易进入音乐的情感体验,所以比较适合让幼儿进入体验、探究式学习。

【音乐内容情境】

一群孩子背着篓筐到了橘园,看到橘子后,大家相互招呼伙伴,一起摘橘子。摘橘子的动作是用剪刀剪下橘子,再把橘子放进篓筐。

【动作预设】

A段:

队形:全体小朋友双圈面向圈上,里圈与外圈小朋友手拉手。

第1小节:前两拍一手相拉,一手搭在自己的肩上作背箩筐状,跑步,共跑三步,后两拍停步下蹲并微笑,眼睛看舞伴。

第2、3、4小节:同第1小节。

B段:

队形:全体小朋友双圈面对面站立。

第1小节:双手作屋顶状,前两拍向左并跟节奏微蹲,后两拍向右动作同前。

第2小节:同第1小节。

第3小节:左手高右手低,做招呼状,前两拍向左跟节拍压手腕,后两拍向右动作同前。

第4小节:同第3小节。

C段:

队形:全体小朋友双圈面对面站立。

第1小节:第一拍,一手拿橘子一手作剪刀状摘橘子;第二拍将"橘子"放入腰前的"箩筐"内。后两拍动作同前。

第2、3、4小节:同第1小节。

A'段:换队形

第1小节:里圈小朋友不动,外圈小朋友朝带手腕花的方向找到新朋友,并两两搭手绕着里圈小朋友转一圈。

第2小节:双手于胸前作抱箩筐状,前两拍向左,后两拍向右。

第3、4小节:同第1、2小节。

【即兴动作建议】

预设即兴表演的音乐为C段，该段音乐由原来的固定模型动作（摘橘子），变成幼儿按节拍自由地向不同方向，按不同方式做摘橘子动作。

注意事项：要让幼儿明确地在重拍上做剪的动作，并在创编的过程中注意动作的美化、协调与相对整齐。同时注重对音乐的理解以及与同伴的交流。

活动目标

1. 通过观察、模仿及手腕花提示等方式来学习双圈集体舞《摘果子》；
2. 在学习集体舞《摘果子》的过程中，感受音乐欢快的节奏、优美的旋律，体验交换舞伴所带来的快乐。

活动准备

1. 物质准备。
（1）红、蓝色手腕花各10个；
（2）音频文件；
（3）果园背景PPT若干；
（4）电脑。
2. 经验准备。
（1）事先已经秋游去摘过橘子，有摘橘子的经验；
（2）对A段音乐和动作已有初步的感知与掌握。

活动过程

1. 跟随音乐，做律动进场。
（1）播放完整音乐，教师带领，幼儿男女生各一排，做律动进场。
（2）音乐结束，幼儿自由选择位置就座。
2. 动作散点学习。
（1）谈话导入，诱发兴趣。

老师听说小朋友们已经去秋游过了,对吗?今天就请你们和我一起来跳一个摘橘子的舞蹈吧。

(2)学习"固定模型"动作。

提问:

①你们看到了什么动作?(看、招呼、摘橘子)

②这次老师再做一次,请你们看看每个动作分别做了几次?是怎么做的?

③最先做了什么动作?(看)看了几次?(4次)

④接下来我做了什么动作?(叫朋友)叫了几次?(4次)

(3)幼儿创编摘橘子动作。

①固定摘橘子动作。(解决重拍问题)

②创编摘橘子动作。

(请3—4个幼儿讲述、示范,教师将动作进行美化,并让幼儿学习。)

(4)幼儿两两配对,完整练习B段动作。

3.圈上动作学习。

(1)圈上复习A、B段动作。

①教师示范面对面队形及动作。(播放A、B段音乐,两位教师示范)

②幼儿面对面排成双圈队伍。

③幼儿复习A、B段动作。(教师播放PPT果园图片)

准备好,那我们就出发了!

(2)学习队形变化。

①学习动作。

教师示范。

②变化队形。

老师是怎么找到新朋友的?

伸出带手腕花的手,搭手对面的朋友,沿着手腕花的方向走一圈。

③请一个幼儿尝试。

④教师喊口令,全体幼儿尝试。

⑤全体幼儿再次练习。

4.完整进行双圈舞。

(1)完整跳1遍。

（2）完整跳3遍。

5. 做律动退场，结束活动。

今天我们跳着圆圈舞摘了这么多水果。我们把它们装在箩筐里，和新朋友拉上手，跟班上的好朋友一起分享吧！

活动二　多愉快

（宁波市江东实验幼儿园　冯　莹　执教）

【音乐材料设计】

【乐　谱】

多　愉　快

$1=A\ \frac{2}{4}$

3 5　3 2.1 | 2 3 2 1　6 6.1 | 2 3　2 3 2 1 | 1 1　1. 1 |

3 3　3.2 1 | 2.2 2 1　6. 1 | 2 2 2 3　2 1 6 5 | 1 1　1 |

3 5　5 5 | 5 6 5 3　1 1 | 3 5　5 5 5 5 | 5 3 2 1　1 ‖

【作品分析】

　　此曲具有浓厚的乡村风格、结构清晰、节奏感较强、段式简单。乐曲总共两段，重复五次，能让幼儿愉快而创造性地学习集体舞，体验集体交流和成功合作的快乐。

【动作预设】

　　第一句：左手叉腰，右手随节奏挥动四次。

　　第二句：手心朝外，与对面小伙伴拍手四次。

　　第三句：伸出右手，与伙伴握手两次，并各扭动身体一次。

【生活游戏"照镜子"玩法】

　　小朋友两两成对，面对面站立，其中一位小朋友做各种动作，另一位小朋友进行同方向的模仿。

活动目标

1. 感受音乐轻松的风格、明快的节奏，能随节奏合拍地做动作。

2. 掌握交换舞伴的动作规律，在舞蹈行进中，流畅自如地交换舞伴。

3. 能在集体舞中体验交往的快乐。

 活动准备

1. 人手一个手腕花。

2. 音乐 CD。

 活动过程

1. 幼儿随着"多愉快"的音乐，做动作，进入活动室。

2. 教师示范动作，幼儿熟悉节奏，合拍做动作。

（1）先看老师跳，然后告诉老师，看到的动作。（教师示范）

（2）帮助幼儿记忆动作。提问：

① 你们看到了哪些动作？（挥手、拍手、握手、扭身体）

② 教师跳的是"朋友舞"。帮助幼儿理清动作顺序。

③ 分析动作次数：

● 刚才和朋友打招呼时，挥手的动作做了几次？（4次）

● 拍手的动作有几次？（4次）

● 这挥手、拍手一组动作重复了几遍？（2遍）

● 握手和扭身体的动作重复了几遍？（4遍）

（3）完整练习。（教师哼唱一次，随音乐一次）

3. 学习交换舞伴。

我们的"朋友舞"跳得真好看，现在要请小朋友去圆圈上跳了哦。

（1）分组站圈。

① 请蓝色组拉一字圈，面向圈上。

② 红色组找到一个伙伴面对面站好。

③ 想想刚才的动作，听着音乐再来一次。

（2）刚才和一个朋友跳了舞，如果想和其他朋友跳舞，有什么办法？

① 教师示范。（指导语：向前一步花碰花，向前一步背靠背）

②我做了哪两个动作？（第一步：碰花；第二步：靠背）

③幼儿练习（教师口令帮助）。引导幼儿知道同伴之间的方向是不同的。

④教师示范，随着音乐换舞伴。

4. 玩"照镜子"游戏。

（1）有玩过"照镜子"的游戏吗？怎么玩？

（2）把扭身体的动作换成照镜子的动作。（教师示范）

（3）你有什么动作？大家学做。

（4）分组游戏。

（5）完整游戏。（要求：换个朋友换个动作）

（6）交换角色，重复一次。

5. 活动结束，离开活动室。

活动三 羊村舞会

（宁波市江东实验幼儿园 朱金艳 设计并执教）

 音乐材料设计

【乐　谱】

Super Star

Jade & Geoman 曲

$1=D \dfrac{4}{4}$

‖: i 5 33 343｜22 232 13 5｜i 5 33 343｜22 232 1 -:‖ i5 i - -｜25 7 - -｜i5 7 - -｜25 i - -:‖ 05 67 i 0｜(05 67 i 0)｜03 21 2 0｜(03 21 2 0)｜05 67 i i｜4 3 2 3｜i - - -‖

【音乐句段结构分析】

这是一首中英文歌曲，节奏欢快，由 A、B、C 三小段构成，A 段女声独唱节奏简单明了，适合跑跳步热身；B 段音乐是一段间奏，节奏明确，C 段是男声和女声的重唱，音乐柔和；三段音乐性格鲜明，较容易区分，A、B、C 三段结束后，继续一个八拍过门重复进行 A、B、C 段循环。

【动作设计】

A 段：

队形：全体排成直列队形正步叉腰准备。

第一个八拍：前四拍跑跳步行进，后四排原地拍手，两拍拍一下手。

重复第一个八拍的动作四遍。

B 段：

村长：（教师）"跟我动起来"——动作：两臂平举，左右摇摆手臂，一拍一下。

小羊：（幼儿）"一起动起来"——动作：两臂平举，左右摇摆手臂，一拍一下。

村长：（教师）"嗨嗨嗨嗨"——动作：跟节奏拍手，一拍一下。

小羊：（幼儿）"嗨嗨嗨嗨"——动作：跟节奏拍手，一拍一下。

C段：

第一个八拍：前四拍右手从左往右划一圈（表示伸一个懒腰），后四拍左手从右往左划一圈。

第二个八拍：两只手交叉从下往上划一个圆圈，伸一个大懒腰。

第三个八拍：双手握空拳放身体两侧，臀部从上往下扭一个八拍。

最后一小节：身体直立，手臂放下。

【即兴动作建议】

预设即兴表演的音乐为B段音乐。这段音乐由原来的固定模型动作，变成领头人即兴做动作，其他小朋友跟着模仿。动作的节奏型和口令不变，为："跟我动起来"，领头人需要一边喊口令，同时合拍做出创编的动作，其余幼儿回答"一起动起来"时，跟着领头人合拍做相同动作，第一个"嗨嗨嗨嗨"由领头人先带领喊，同时合拍拍手，第二个"嗨嗨嗨嗨"所有幼儿跟领头人一起喊，同时合拍拍手。

注意事项：领头人的口令和后面的"小羊"有互动，所以领头人在轮到之前要想好带领"小羊"做的动作，防止音乐开始时过于紧张忘记动作。

【生活游戏"请你照我这样做"玩法】

● "请你照我这样做"游戏玩法

教师：（拍手）请你照我这样做

幼儿：（跟着拍手）我就照你这样做

待幼儿熟悉之后，教师可以加大动作难度，运用生活中的动作，和模仿小动物的动作，让幼儿跟着教师一起做。或者请一名幼儿上前来，带所有小朋友做动作。

● "请你跟我这样做"游戏在音乐中的玩法

B段音乐循环播放，幼儿跟着B段音乐节奏玩"请你照我这样做"的游戏，四个八拍结束之后，由旁边的一个幼儿带领着全体幼儿做动作。

注意事项：口令和动作需要和音乐合拍，下一个带头的幼儿需要提前想好动作。

活动目标

1. 学跳直列队形集体舞《动起来》，在游戏中掌握换"领队"的规则。
2. 感受三段式的音乐特征，能跟随B段音乐节奏即兴表演，体验集体舞《动起来》的快乐。

活动准备

1. 知识准备：能模仿多种小动物的动作、会玩"领头人"，游戏。
2. 物质准备：音乐CD、场景牌。

活动过程

1. 故事导入，了解动作情节，初步感知音乐。

指导语：我是村长，你们是小羊，天气这么好，让我们去草地上运动一下吧。教师合音乐完整示范。

2. 基础动作学习。

（1）跟跳一遍，感知音乐：刚才老师做了哪些动作？一起来做一下。完整跟跳一遍。

（2）掌握B段动作：掌握B段固定动作和"跟我动起来，一起动起来"的口令。

教师：这个运动里还藏着一个游戏，我们一起来玩一下这个游戏，我说"跟我动起来"，你们说"一起动起来"；我说"嗨嗨嗨嗨"，你们说"嗨嗨嗨嗨"可以吗？

① 先不拍手试一下。
② 不加音乐拍手念。
③ 加音乐拍手念。

教师：小羊们已经学会游戏了，快跟着村长运动起来吧。

幼儿跟着教师一起完整做A、B、C三段动作。（连起来2遍）

（3）幼儿独立跟音乐完成固定动作。

教师：村长年纪大，有点累了，你们跟音乐自己做一下运动好吗？

3. 创编B段。

（1）幼儿创编"动起来"动作。

教师："动起来"除了可以拍手，还可以做什么动作？

小结："动起来"除了可以拍手，还可以拍身体的不同地方，还可以洗脸、运动、模仿小动物，等等。"嗨嗨嗨嗨"的时候只要拍手就好。

（2）全体幼儿跟音乐创编B段动作。

教师：小羊们，我们一起跟着音乐，还有很多动作可以动起来，想好你的两个动作，先跟着音乐动起来试试看吧，这次不用喊口令，我想看看谁的动作既合拍、又好看。

小结：刚才小羊们都跟着音乐"动起来"了，大家都动得很好，我看到有位"小羊"的动作既合拍、又好看，我们请他上来带大家动起来，好吗？

（3）请个别幼儿示范B段创编动作。

教师：刚才你的动作很好看，现在请你带大家动起来吧，要喊口令才能让大家动起来哦。

某幼儿带全体幼儿做B段创编动作。

（4）带上B段创编的动作，完整做一遍。

教师：小羊你做得很好，那你愿意带着大家把前面的动作完整地做一遍吗？

请一位幼儿上来，提醒"想好要做的动作了吗？注意跟着音乐节奏，大声地说出口令哦"。

可以再请1—2个幼儿上来带领做。

4. "领头人"游戏

（1）教师带领做"领头人"游戏。

教师：我们一边玩"领头人"的游戏，一边动起来吧。

请小朋友们立正，直列队形站好。我先做领头人，你们要跟着我的动作动起来哦。

教师带幼儿完整跳两遍。

（2）讲解换"领头人"要求。

教师：请看仔细，老师在什么时候，从哪里跑到了哪里。

教师示范从第一个跑到最后一个。

教师：其余的小朋友要不要跑？那做什么动作呢？

小结：在扭扭扭的时候，领头人从第一个跑到了队伍最后面，其余的小羊在原地继续扭，现在你们的领头人变成了另一位小朋友，快跟着新领头人继续出发吧。

（3）幼儿进行换领队的游戏。

① 第一位"领头人"做完之后，提示后面一位小朋友准备。

提示：火车头想好你的动作，往空的地方开。

② 前三个幼儿做领头人跳完后，音乐每次都停，教师稍微提醒下领头人的跑动位置。

③ 待幼儿理解换领头人的规则后，音乐不停，让幼儿连续玩。

活动四　转转转大变身

（宁波市江东实验幼儿园　高　伟 执教）

 音乐材料设计

【乐　谱】

转转转大变身

$1=C \quad \frac{4}{4}$

A
| 3 2 1　1 6 5　| 5 6 1 2 3　-　| 3 2 1　1 6 5　| 5 6 3 1 2　-　|

| 3 5 5　6 5 3　| 2.3 2 1 6　-　| 1 2 3 5 6 5 3　| 2.1 5 6 1　-　|

B
‖: 6　6　5 3　1　| 2151 2151 25 3　| 6　6　5 3　3　| 2151 25 1　-　:‖

C
| 3.　3 4 4 4　| 3.　1 2 2 5　| 3.　3 4 4 4　| 3.3 2 5 1　-　‖

【音乐作品分析】

这是一首乡村乐曲，曲风欢快流畅，较易激发幼儿参与集体舞活动的兴趣。乐曲变奏比较多，我们截取了其中的三段，便于幼儿听每个乐段的不同。每个乐段结构工整，乐句有重复性，便于幼儿感受节拍，从而进行动作的探究性学习。

【动作设计】

A段：

幼儿站在圈上，女幼儿在前，男幼儿在后，两人搭手，女幼儿旋转到男幼儿后面，依次做四个。

B段：

即兴表演，听音乐变换两个动作，每个动作按节拍重复做八次。幼儿自由创编，并请一幼儿为领头人带领小朋友一起做。

C段：两手握拳交替转，再拍手为一组，共四组。

【领头人游戏玩法】

大家围成半圆，教师指定某小朋友做动作，其他小朋友听音乐节拍跟着模仿；教师不断变换领头人，领头人要迅速想出动作，其他小朋友的模仿也要迅速跟上。

活动目标

1. 感受乐曲的 A、B、C 结构，初步掌握在单圈上由前往后交换舞伴的方法并享受交换舞伴和舞伴共舞的快乐。

2. 借助做领头人的表现模式，努力尝试在 B 段处合拍、独立做出即兴动作。

3. 引导幼儿在集体舞中与前后幼儿保持一定距离，体验与他人合作的快乐。

活动准备

1. 音乐 CD。

2. 人手一个手腕花。

活动过程

1. 导入。

（1）教师带小朋友听 A 段音乐入场。

（2）教师：今天我要邀请小朋友一起玩"转转转大变身"的游戏，大家先看看老师是怎么玩的。（教师完整示范）

（3）教师小结：我们先要玩"转转转"的游戏，再玩"大变身"的游戏，最后高兴得扭一扭、拍拍手。

2. "转转转"的游戏。

（1）教师：我们先来玩"转转转"的游戏，男幼儿站成一圈教师示范。

提问：看清楚我现在站在谁的前面？等下转到哪里去？

要求：第一，请看清我转前做了什么动作？做了几下？

第二，从哪个方向开始转的？转到哪里了？

小结：听到音乐开始做准备，蹲蹲蹲蹲，往后转，朝手腕花的方向转身到小朋友后面，一个接着一个往下转。

（2）谁来试一试，请个别幼儿练习，先用手指点一点你站在谁的前面。

（3）女幼儿集体练习，女幼儿插空站好，也用手指点一点你站在谁的前面。

（4）挑战难度：搭手转。

教师邀请一位老师演示搭的动作，请幼儿说一说老师是怎么做的。

请男女幼儿在座位上模仿一下。

（5）教师示范转的方法：

① 要求：两人谁转谁不转？朝什么方向转？

② 转动后手的位置在什么地方？为什么又成这样？

③ 幼儿成对练习，教师进行个别指导。

④ 请个别幼儿在台前演示，教师并纠正。

⑤ 连续转的方法：请一位幼儿尝试连续转。

（6）全体幼儿站成一圈旋转。

3. 大变身的游戏。

（1）教师："转转转"的游戏玩得很成功，现在我们要进入"变变变大变身"的游戏了，你们会变成什么呢？

看看你们会不会变身，我说变，你们就变身好吗？

（2）老师也想变身，看我来变变变。（完整示范）

教师：我变了什么？变了几次？

你们想和老师一起变吗？好，一起来吧，仔细数一数，每个动物做了几下？（幼儿跟着教师一起变变变）

你们愿意像老师一样带领小朋友一起变身吗？

（3）我摸到谁，谁就带领大家一起变身。

（4）我们玩了"转转转大变身"的游戏真开心，现在就让我们摇一摇、拍拍手，用动作把高兴的心情表现出来。

4. 完整游戏。

（1）完整欣赏音乐，理思路：搭手准备玩"转转转"的游戏，转好后，教师摸到谁，谁就带领大家做"变变变"的游戏，最后别忘了给自己拍拍手。

现在我想请小朋友圈上站好，把"转转转大变身"的游戏完整地玩一次，你们有信心完成吗?

（2）小朋友完整地表演一遍。

（3）小朋友都玩得很棒，接下来第二遍"转转转"的游戏又要开始了我们要马上搭手做准备，小朋友能够马上准备好吗，我们试试看。（第一遍的结尾和第二遍的开始进行衔接）

（4）连续游戏。

活动五 兔 子 舞

（宁波市江东实验幼儿园 周 亚 执教）

音乐材料设计

【乐 谱】

兔 子 舞

意大利民间舞曲

$1=G \quad \dfrac{4}{4}$

A段乐谱

B段节奏：
× × × × | × × × × × |
left left right right go turnaround go go go

× × × × | × × × × × |
left left right right go turnaround go go go

【作品分析】

兔子舞，原名"penguin's game"，这首歌曲由意大利传到台湾再传到大陆，20世纪末颇为流行，是学生舞会上结尾舞的经典曲目。这首曲子节奏鲜明，很有感染力。虽然曲子用英文演绎，但是不同国度的人听了都会随之动起来。曲子分为前奏和A、B段，其中前奏和B段一样，只是演绎的方式不同，前奏是纯节奏型演绎，B段则是歌唱的方式演绎。整个舞蹈以踢踏步为基础，重复性高，较适合中班集体舞教学活动。

【图　谱】

【动作设计】

前奏：叉腰准备。

A段：

前四个八拍在圆上走踢踏步四次；接下来的四个八拍面对面原地踢踏步四次。

然后两个八拍往圆里走踢踏步两次，完成大圆变小圆。

后面两个八拍往圆外走踢踏步两次，完成小圆变大圆。

B段：

自己拍手四拍：左边拍手，左边拍手；右边拍手，右边拍手。

对拍跳跳跳四拍：对拍，对拍，跳，跳，跳。（其中前两次跳动为半拍）

1. 初步学习兔子舞，能和同伴跟着音乐合拍地做踢踏、走步、拉手等动作。

2. 学习在双圈上"以同时跳动"的方式交换舞伴，体验与舞伴共同表演兔子舞的快乐。

活动准备

1. 剪辑过的音乐。(一遍的,循环多遍的)
2. 人手一个手腕花。

 活动过程

1. 情境引入,完整示范,感知音乐,了解动作。

今天天气真好,小兔子要邀请你们去参加一个舞会,可是去参加舞会前我们得先学会一些本领才行,请你仔细看看,小兔子做了哪些动作?

(1)踢踏步动作。

有叉腰踢踏走的动作,踩着踢踏步去参加舞会可神气啦!我们也跟着小兔子学学踢踏步吧!踢踏走走走走,踢踏走走走走,踢踏走走走走,踢踏走走走走。

(2)踢踏拉拉手。

除了踢踏的动作,你们还发现小兔子做了什么动作呢?有拉手的动作,小兔子真开心,在舞会上还遇到了自己的好朋友。谁愿意上来和老师一起试试拉手的游戏。踢踏拉拉手,踢踏拉拉手,踢踏拉拉手……谁想和你的好朋友一起来试试?转过身找到你的好朋友,我们一起试试,踢踏拉拉手,踢踏拉拉手……

(3)拍手跳动。

你还发现小兔子做什么动作了吗?有和好朋友一起拍手的动作,拍手拍手拍手拍手对拍对拍跳跳跳。我们也和我们的好朋友一起来玩玩这个游戏吧,拍手拍手拍手拍手对拍对拍跳跳跳。

2. 动作分析,音乐匹配,熟悉内化,完整表演。

(1)进一步熟悉音乐,了解何时变换动作。

① 你们的眼睛真亮,一下子就把小兔子要告诉我们的秘密都看懂了。小兔子踩着踢踏步来到哪里?舞会上,然后遇到了好朋友,和好朋友干什么呀?玩拉手的游戏,玩拍手的游戏。

② 小兔子说这次请你们边听音乐边看小兔子做动作,想想看小兔子走了几次遇到了好朋友?什么时候开始玩拍手游戏。

教师完整示范：

③你们发现了吗？小兔子走了几次遇到的好朋友？遇到好朋友后要马上怎样？转身和好朋友拉手。

④什么音乐开始时玩拍手游戏？

（2）幼儿坐着尝试完整合音乐做动作，用口令指导幼儿。

①你们的小耳朵真灵，能够听出音乐告诉你们的秘密。这次我们合着音乐将动作都连起来试一试，老师会用口令提醒你们的。

②很厉害，小朋友能够自己听着音乐把所有的动作都连起来了，下面我们站起来挑战一下怎样？那我要考考你们了，等下"踢踏走走走走"的时候，可以和好朋友一起往哪里走？（往前面走）然后面对面原地玩踢踏拉拉手和拍拍手的游戏。

3. 队形练习，完善动作，交换舞伴，快乐舞蹈。

（1）围成圆圈做完整动作。

①小兔子游玩的舞蹈还能变成好看的圆圈舞呢！你们想来试一试吗？

②男孩子以最快的速度拉一个一字圈面向圈上站好，女孩子找到自己的舞伴站在外圈。

③等下小兔子踢踏走应该往什么方向走，圈上走，注意控制好距离，我们一起来试一试吧！准备好了吗？

（2）教师示范，幼儿在双圈上练习进退步。

①你们这么厉害，小兔子说了，我们要加大难度了，和好朋友一起挑战新的游戏，请你们看看，小兔子和好朋友在圆圈上做了什么新的动作？（一起往里走，往里走；一起往外走，往外走）

②我们和好朋友一起来试一下。踢踏往里走，踢踏往里走，踢踏往外走，踢踏往外走。我们把拉手和往里走，往外走连一起试试看。踢踏拉拉手，踢踏拉拉手，踢踏拉拉手，踢踏拉拉手，踢踏往里走，踢踏往里走，踢踏往外走，踢踏往外走。

下面我们全部合着音乐来试试。

（3）讲解交换舞伴要求，幼儿在双圈上练习交换舞伴。

①你们想和更多的好朋友来跳这个舞吗？老师今天带来了一个找到舞伴的新办法，请仔细看，我是怎样和另一位老师见面的。

②你们发现了吗？我们是怎么见面的？都往手腕花的方向跳。我们一起来试

试，| x x x x | x x x x x |。

left　left　right　right　　go　turnaround　go　go　go

（4）在双圈上练习完整舞蹈。

下面我们合着音乐完整地来跳一遍，记住跳的时候要去找新的好朋友。

（5）巩固舞蹈，连续跳两遍。

下面我们来挑战下，连续跳两遍。第一遍完了之后，要马上朝什么方向站好？（圈上）好，准备！

活动六 螃蟹舞

(宁波江东实验幼儿园 王 洁 执教)

音乐材料设计

【乐 谱】

螃 蟹 舞

选自奥尔夫音乐系列

1=C 2/4

(i 7 | 6.7 1 6 5. 3 | 4 5 4 2 4 3 #4 3 1 ♭3 | 2 3 2 7 2 1) |

A
‖: i 7 | 6.7 1 6 5. 3 | 4 5 4 2 4 3 #4 3 1 ♭3 | 2 3 2 7 2 1 :‖

B
‖: 1.5 6 5 7.5 6 5 | 5 6 5 4 2 1 6 5 | 7 6 5 4 | 5 6 5 4 2 1 :‖

【音乐句段结构分析】

这是一首欢快的乐曲，由A、B两小段构成，前奏使用歌曲中A段音乐，其中大的结构由A、B结构重复的方式进行。A、B两段的乐曲风格较为相似，A段音乐有顿音的节奏，B段音乐比较流畅些。音乐活泼、生动，螃蟹舞蹈的形象与这段音乐风格很贴切。

【动作设计】

1. 第一层级。

基本队形：单圈，面朝圆心。

第1小节：预备，双手在胯两侧，手心超前伸开，双脚尽可能横站。开始，右脚横向擦地。

第2小节：右脚擦地收回。

第3小节：逆时针方向横脚碎步走。

第4小节：同第三小节。

第5小节：手脚动作同上，抬头往左边吹泡泡。

第6小节：抬头往右边吹泡泡。

第7小节：抬左脚压左臂，表示螃蟹夹钳子。

第8小节：抬右脚压右臂，表示螃蟹夹钳子。

2. 第二层级。

基本队形：双圈，里外圈面对面。

第1小节：与单圈动作相同，双圈中舞伴面对面进行眼光交流。

第2小节：右脚擦地收回。

第3小节：外圈向逆时针方向横脚碎步走，里圈向顺时针方向横脚碎步走。

第4小节：动作同第3小节，注意结束时面对一个新舞伴。

第5小节：与舞伴一起吹泡泡。

第6小节：同第5小节。

第7小节：外圈抬左脚压左臂，里圈抬右脚压右臂，一起表现螃蟹夹钳子。

第8小节：外圈抬右脚压右臂，里圈抬左脚压左臂，一起表现螃蟹夹钳子。

活动目标

1. 熟悉音乐旋律，跟着音乐学习合拍地做"螃蟹走路、吐泡泡、夹钳子"动作。
2. 在教师引导下能根据音乐变化做出相应动作。

活动准备

1. 音乐CD。
2. 场地布置成半圆形。

活动过程

1. 感受音乐旋律，了解螃蟹舞的情景及氛围。

（1）孩子们跟着音乐节奏做横着走的舞步来到活动室。（重点前置）

（2）设置情景式舞蹈，（教师示范）感受动作形态。

2. 个别指导每一部分的动作要领。

（1）请孩子看看这是什么小动物在舞蹈？

（2）从哪个动作看出来是螃蟹在跳舞？

（3）大家再来学一学。（横着走、夹钳子等动作）

（4）再来欣赏第二遍律动。（教师示范）

3. 队形（单圈）舞蹈。

（1）一开始做了什么动作，后来又做了什么动作。

（2）教师引导孩子从情景出发，感受律动情景变化→动作变化过程。

（3）学习动作顺序性：小螃蟹们，你们学会本领了吗？跟着妈妈出发吧……（完整地律动一遍）

（4）妈妈希望你们排着队整齐地出发，完整地来一次……

（5）围成圆圈舞蹈一遍。

活动七 朋友，你好

（宁波市江东实验幼儿园 周静霞 执教）

音乐材料设计

【乐 谱】

朋友，你好

1＝F 2/4
慢速

1 1 | 2 2 | 3 3 | 3 2 | 3 3 | 2 1 |

2 3 | 2 - | 1 1 | 2 2 | 3 3 | 3 2 |

3 3 | 2 1 | 2 3̲2̲ | 1 - | 5̲.5̲ 4̲.3̲ | 4̲.4̲ 3̲.2̲ |

3̲.3̲ 2̲.1̲ | 2̲.3̲ 2 | 5̲.5̲ 4̲.3̲ | 4̲.4̲ 3̲.2̲ | 3̲.3̲ 2̲.1̲ | 2̲ 3̲ 1 ‖

【音乐句段结构分析】

这是一首节奏明快，反复性强的乐曲，前两段是同一音乐素材的重复，简单明了，幼儿易懂，易掌握。最后一段虽有附点音符，但有规律性，容易使幼儿理解和掌握。

【图 片】

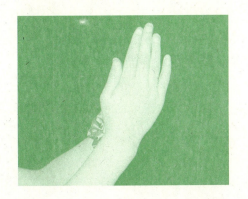

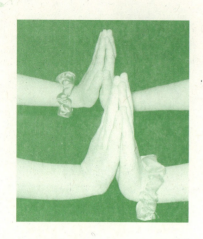 

【动作建议】

幼儿排成双圈，外圈幼儿面向里圈，里圈幼儿面向外圈，一一对应站立。

第1小节：外圈幼儿原地拍手一下，里圈幼儿边拍手边走向前一个幼儿。（一小节拍一下手，走两步）

2—4小节：同第1小节，1—4小节共走过外圈四个幼儿。

5—8小节：里圈幼儿转向外圈的第四个幼儿，（找到一位新朋友）两人双手对拍四下。（每小节对拍一下）

9—16小节：动作同1—8小节。（又找到一位新朋友）

17—20小节：两人双手相拉，跑跳步、转一圈，回原位。

21—24小节：换一个方向手拉手，跑跳步、转一圈，回原位。

活 动 目 标

1. 能协调地边走边拍手，学跳集体舞。
2. 合着音乐找到下一个新朋友。
3. 用动作、体态、目光友好地与同伴交流，体验跳集体舞的乐趣。

活 动 准 备

1. 每人一个手腕花。
2. 图片、双圈谱、脚和转圈的标志。

3. 音乐 CD。

活 动 过 程

1. 上肢动作的学习。

（1）我们以前学跳过集体舞，还记得是哪个集体舞吗？今天老师想教你们一个新的集体舞，名字叫《朋友，你好》。

（2）现在请小朋友边听音乐边看老师做动作，看清楚老师做了哪几个动作？（根据幼儿回答，逐一出示图谱）

（3）第一个动作老师做了几次？第二个动作呢？这两个动作做了几遍？第三个动作和第四个动作是哪只手先叉腰的？请小朋友看着图谱和老师一起来试试，把这些动作做一做。

（4）如果播放音乐呢，我们是不是能跟得上音乐一起跳？让我们来试一试。

2. 加入下肢动作。

（1）教师边示范边提问：我的脚做了什么动作？

（2）幼儿用语言与脚的动作做出回答。

（3）在教师示范与语言指令下，幼儿在原地完整地做一遍带下肢的动作。

（4）合着音乐原位完整地表演。

3. 加入两两合作动作。

（1）教师提问：如果两个小朋友一起合作跳，这4个动作如何做出调整？

（2）幼儿回答。

（3）教师出示图谱，总结结伴舞蹈的要点。

（4）幼儿合乐完整地结伴表演。

4. 加入队形变换的完整表演。

（1）教师示范与讲解队形变换。

（2）幼儿表演，教师观察并帮助有困难的幼儿。

（3）讨论队形变换中的困难，找到解决办法。

（4）根据改进建议，全体再次表演。

（5）音乐循环，全体表演。

三、大班集体舞教育活动设计范例

活动一 匹诺曹

(南京市北京东路小学附属幼儿园 成 媛 设计并执教)

 音乐材料设计

【乐谱】

匹 诺 曹

《木偶奇偶记》插曲

$1=F \dfrac{4}{4}$

(乐谱略)

【故 事】

木偶匹诺曹想成为一个真正的孩子,仙女告诉他,当他具备了诚实、勇敢的品质后就能成为真孩子。开始,匹诺曹在狐狸的引诱下到了孤岛上过着吃喝玩乐的生活,还与爸爸说他在上学,因为不诚实,他长出了长鼻子与驴耳朵。后来,匹诺曹帮助老爷爷锯木头、为在森林中迷路的人高举火把。最后,因为他的诚实与勇敢,最终成为一个真正的孩子。

【动作设计】

基本队形：双圈。

A段

A段a句

第1小节：拍手，一拍一次，共四次。

第2小节：双手做长鼻子状，放在鼻子前面，一拍一次晃动，共晃四次。

第3、4小节：同第1、2小节。

A段b句

第1小节：拍手一拍一次，共四次。

第2小节：双手掌竖立，分别放在两耳旁，表示驴耳朵。一拍一次晃动，共晃四次。

第3、4小节：同第1、2小节。

B段

B段a句

第1小节：双手握拳，双手臂前后交替伸屈，表示锯木头。半拍伸半拍屈，一拍完成一个动作，共四次。

2—4小节：同第1小节。

B段b句

第1小节：双臂高举，手掌伸开转动，表示火把高举。一拍手掌转动二次，共八次。

2—4小节：同第1小节。

B段c句

第1小节：双手握拳双臂弯曲在胸前，做轱辘转的动作。

2—3小节：同第1小节。

第4小节：前三拍同上做轱辘转动作，最后一拍嘴喊"吧"，手做胜利动作。

队形变换：

● 用B段b句音乐进行队形变换。

● 使用双圈S型队形变换方式。

活动目标

1. 合作完成B段b句双圈S型队形变换，并尝试在C段完成S型队形变换。

2. 尝试 A 段合拍的即兴动作，体验即兴动作所带来的愉悦情绪。

活 动 准 备

1. 熟悉《木偶奇遇记》的故事情节。

2. 音乐 CD。

活 动 过 程

1. 感受与欣赏音乐。

（1）与幼儿讨论《木偶奇遇记》中的故事内容。

（2）教师讲今天将要发生在木偶匹诺曹身上的故事。

（3）教师随乐用身体动作把今天发生在匹诺曹身上的故事表演出来。

（4）教师分段随乐用身体动作"讲"故事，幼儿分段学习身体动作表演。

（5）幼儿跟随音乐独立地完整表演。

（6）教师请幼儿找好朋友，并两两相对，把刚才一个人的表演变成两个人合作的表演方式。

（7）幼儿两人跟随音乐合作完整表演。

2. 队形中完整表演。

（1）请男孩子围成 V 形单圈。

（2）请女孩子找到一个舞伴，围成第二圈。

（3）幼儿站在双圈队形中，与舞伴面对面，播放音乐完整表演。

（4）全班讨论并解决表演中有困难的地方。

（5）全班学习队形变换，并用队形变换动作替代原来的举火把动作。

（6）全班幼儿跟随音乐，完整表演具有队形变换的动作。

（7）跟随音乐循环完整表演有队形变换的动作。

活动二 乒 乓 舞

（南京师范大学附属幼儿园 王 玥 设计）

 音乐材料设计

【乐　谱】

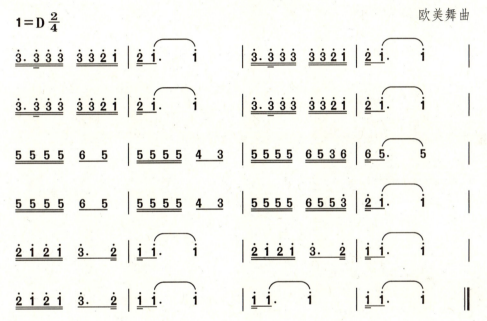

【音乐作品句段结构分析】

大写字母表示段落，小写字母表示句子：

```
       A              B              C
  a b c d        a b c d        a b c d
```

【模型动作设计】

A段：（动作固定，移动位置段落）

a：双手握拳由上而下、由内向外交替转动；身体由站立到蹲下，再到站立。

b：同 a。

c：同 a。

d：同 a。

B段：（动作创意段落）

a：做小兔子跳的动作，共跳四次。

b：做小猫叫的动作，共做四次。

c：做小鸟飞的动作，共做四次。

d：做大象走的动作，共做四次。

C段：（整理调整段）

a：做 $\frac{\text{× ×}}{\text{扭 扭}} \frac{\text{× ×}}{\text{拍 拍}} 0$ 动作模型。

b：同 a。

c：同 a。

d：做 $\frac{\text{× ×}}{\text{拍 拍}} 0$ 动作模型两次。

【队形变换设计】

队形变换一：双圈，外圈S型行走换舞伴。

A段：双圈队形，里外圈面对面。

a：前半句，里圈不动，外圈走向下一个朋友的背后；后半句，里圈不动，外圈拍拍里圈舞伴的肩。

b：前半句，里圈不动，外圈再走向下一个朋友的前面；后半句，与现在的舞伴打招呼。

c、d：同 a、b。

B、C段：同模型动作设计。

队形变换二：双圈，里外圈同时换舞伴。

A段：双圈队形，里外圈面对面。

a：前半句，里外圈同时伸右手，向右与下一个朋友握手；后半句，里圈握手的两人换位置。

b、c、d：同 a。

B、C段：同模型动作设计。

活动目标

1. 即兴创编合乐的上肢动作。
2. 合乐完成两种难度较大的队形变换与舞伴交换表演。

活动准备

1. 熟悉双圈里圈或外圈换舞伴队形。
2. 音乐 CD。

活动过程

第一课时　感受音乐与动作即兴的集体舞活动

1. 在音乐中教师示范模型动作，请幼儿观察模型动作的类型。

（1）提问：第一段是一套什么动作？共几个动作？

　　　　　第二段是一套什么类型的动作？共几个动作？

　　　　　第三段是一套什么动作？所有动作都一样吗？

（2）幼儿用语言加动作回答。

（3）幼儿在教师的示范带领下完整模仿表演一次。

2. B 段动作的即兴创编。

（1）对 B 段模型动作进行特别练习。

（2）对 B 段模型动作进行即兴替换。

① 教师给予幼儿运动系列、洗漱系列、厨房系列、跳舞系列的动作类型扩展。

② 给幼儿时间，让每人获得一个系列的四个动作并巩固。

3. 自由邀请舞式表演。

（1）全体在 B 段做自己的动作，合乐完整表演一次。

（2）全体幼儿散点式站位，A 段寻找舞伴、B 段面对面创编动作、C 段调整，合乐完整表演三次。

（3）讨论表演过程中困难与不足之处。

（4）根据讨论建议做出必要的改进并再表演一次，音乐循环三到四次。

第二课时　队形变换的集体舞活动

1. 散点邀请舞，B段即兴动作的表演。

2. 学习双圈S型换舞伴队形表演。

（1）请幼儿站好双圈队形。

（2）教师示范与讲解S型换舞伴的脚步与身体动作。

（3）幼儿根据教师语言指令"走到后面搭搭肩，走到前面握握手"练习队形变换。

（4）放A段音乐，请幼儿合乐变换S型队形。

3. 完整合乐的S型队形表演。

（1）外圈A段S型队形变换，里圈B段即兴动作，进行一次完整表演。

（2）集体讨论表演中的困难与不足。

（3）再次表演。

（4）里外圈调换表演一次。

4. 学习里外圈同时换舞伴队形表演。

（1）请幼儿站好双圈队形。

（2）教师示范与讲解里外圈同时换舞伴的脚步与身体动作。

（3）幼儿根据教师指令"走走走，握握手"练习队形变换。

（4）放A段音乐，请幼儿合乐地进行里外圈同时换舞伴队形表演。

5. 完整合乐的里外圈同时换舞伴表演。

（1）外圈B段即兴动作，完整表演一次。

（2）里圈B段即兴动作，完整表演一次。

（3）里外圈同时B段即兴动作，完整表演一次。

活动三 套 圈 舞

音乐材料设计

【乐　谱】

墨西哥草帽舞

墨西哥民间舞蹈

$1=F \dfrac{2}{4}$

引子

（乐谱略）

【套圈游戏玩法】

三个小朋友一组，围成小圈。

1. 准备动作：两个小朋友右手臂在上，双手臂交差放在身前，第三个小朋友左手臂在上，双手臂交差放在身前。每个小朋友的双手抓住邻近自己手掌的手。这样形成了三组由低到高排列的手臂。

2. 套圈动作：举起最上面的一组手臂，从身前套住没有手臂的第一位幼儿并套向他的身后，让他的双脚跨出手臂；举起第二层的一组手臂，从身前套住没有手臂的第二位幼儿并套向他的身后，让他的双脚跨出手臂；举起最后一层的一组手臂，从身前套住没有手臂的第三位幼儿并套向他的身后，让他的双脚跨出手臂。三个幼儿回到了双手交差的最原初动作，套圈游戏重新开始。

【动作设计】

1. 基本队形：三圈，中圈幼儿始终是左手在上进行手臂交差的那位幼儿。

引子：

全体幼儿单膝着地蹲着，幼儿分成六组。

1—2小节：第一组幼儿，第1小节不动，第2小节慢慢站起。

3—12小节：第二至六组幼儿，动作同1—2小节。

A段：

1—2小节：双手叉腰，第1小节眼平视双脚交替踏步一次，第2小节脚不动抬头挺胸。

第3至最后小节：同1—2小节。

B段：

第一句：三个幼儿围成小圈，双手臂交叉放好并握住邻近的手。

第二句：套第一个幼儿。

第三句：套第二个幼儿。

第四句：套第三个幼儿。

队形变换（较少进行集体舞的班级，此活动可以不采用队形变换）：

● 用A段音乐进行队形变换。

● 三圈中的中圈幼儿由原来的原地踏步动作变成向前走步动作。

活 动 目 标

1. 合乐地进行三人套圈游戏。
2. 合乐地完成三圈中的队形变换表演。

活 动 准 备

1. 熟悉传统游戏"三人套圈"。
2. $\frac{1}{3}$人数的黄手腕花，$\frac{2}{3}$人数的红手腕花。
3. 地面用圆点贴3个圈。

4. 音乐CD。

第一课时　欣赏与感受活动

1. 合乐完成三人套圈游戏。

（1）请幼儿做三人套圈游戏，讨论做这个游戏时的注意事项。

（2）随意组合，做三人套圈游戏。

（3）教师放B段音乐，请幼儿在音乐中玩三人套圈游戏，明确音乐与套圈动作之间的关系。

2. 合乐完成A段动作。

（1）幼儿坐在座位上学习踏步抬头动作。

（2）幼儿在座位上合A段音乐表演踏步抬头动作。

3. 完成A、B两段音乐的合乐动作。

（1）幼儿三人一组，自由找教室的空位，教师放完整音乐，幼儿随乐做踏步抬头动作与三人套圈游戏。

（2）讨论在合乐过程中出现的问题，并解决这些问题。

（3）幼儿继续自由组合找空位，教师循环播放音乐，幼儿随乐完整表演音乐。

第二课时　队形中的集体舞表演

1. 散步队形，自由组合的表演。

2. 三圈队形无队形变换的表演。

（1）请幼儿发现教室地面上教师已贴的三圈队形标记，讨论这些标记的意思。

（2）戴红腕花的幼儿找红点标记，黄腕花的找黄点标记。所有幼儿找到标记并站好三圈队形。

（3）教师把幼儿分成六组，幼儿明确自己属于第几组。教师带领幼儿练习音乐的引子部分，请幼儿按照分组情况，有序地一组一组随乐站起。

（4）全班幼儿合乐在队形中完整表演一次。

（5）全班讨论并解决表演中有困难的地方。

（6）音乐循环播放，全班幼儿完整表演。

3. 有队形变换的三圈队形表演。

（1）学习队形变换。

（2）全班幼儿有队形变换地完整表演。

（3）音乐循环播放，全班幼儿有队形变换地完整表演。

活动四 欢乐的鼓
（南京市游府西街幼儿园原创）

 音乐材料设计

【乐 谱】

欢 乐 的 鼓
（欢 沁）

$1=C \dfrac{4}{4}$

林 海曲

（$\dot{3}$ - $\dot{2}$ - | $\dot{2}$ - $\dot{1}$ - | $\dot{1}$ - $\dot{2}$ - | $\dot{3}$ - - - |

$\dot{3}$ - $\dot{2}$ - | $\dot{2}$ - $\dot{1}$ - | $\dot{1}$ - $\dot{2}$ - | $\dot{1}$ - - - ）

A

6 - $\dot{3}$ - | 7 2 1 7 6 - | 6 6 7 $\dot{1}$ 7 5 | 6 - - - |

6 - $\dot{3}$ - | 1 2 3 5 3 - | 6 6 7 $\dot{1}$ 7 5 | 6 - - - :‖
　　　　　　　　　　　　　　　　　　　　　　　　　　Fine

B

$\dot{1}\dot{1}\dot{1}$ $\dot{1}$5 5 5 6 | $\dot{3}\dot{3}\dot{3}$ $\dot{3}\dot{3}$ 3 - | $\dot{1}\dot{1}\dot{1}$ $\dot{1}$5 5 6 7 | $\dot{3}\dot{3}\dot{3}$ $\dot{3}\dot{3}$ 3 - |

4 4 4 $\dot{1}$ 7 - | $\dot{3}\dot{3}\dot{3}$ $\dot{3}$7 6 - | 2 4 6 $\dot{2}\dot{1}$ 7 6 | 7 $\dot{3}$ $\dot{3}$ - ‖
　　　　　　　　　　　　　　　　　　　　　　　　　　　　D.C.

【乐曲风格与句段结构分析】

原曲是 A、B、A' 复三段曲式。原曲 B 大段是 A 大段的转调，所以从首调效果上听整首曲子只是几句旋律的不断重复，但确实好听有味道。原曲的 A 段，第一主题由三个乐句组成，第二乐句是第一乐句的变化重复。原曲 A' 段与 A 段的不同之处就在于把第一主题第一、二乐句的重复去掉，规整地变成二乐句，并完整重复。这样一来，A' 段的句式变得非常规整，第一主题的二乐句重复变成四乐句，第二主题本来就是四乐句，最后重复一下第一主题，变成非常规整的 a、b、a 单三段曲式。

这里需要的是集体舞音乐，集体舞音乐的主要特点：(1) 句式规整；(2) 循环往复。所以，这里的音乐是剪辑 A' 段而成的。

下面为我们剪辑后的音乐的曲式结构，大写字母表示大段落，小写字母表示小段落。

```
         A                  B                A'
    a b a' b'           a b c d           a b a' b'
```

【情境设置】

舞伴之间形成鼓与鼓手的互动情境，一个人用双手的手掌当鼓，另一个人当鼓手。由于手掌可以自由移动、随处摆放，导致鼓手必须关注"鼓"的位置的变化，从而在流动的音乐声中形成追随式的双人互动情境。

【动作设计】

形成双圈队形，里圈背朝圆心，外圈面朝圆心。

角色分配：里圈与外圈可以轮流当鼓与鼓手，原则是交换舞伴时，永远是当鼓手的圈移动位置。

A段：

1—2小节：当鼓的这圈人，双手摊开、手心朝上、置于腰前，以示是鼓；当鼓手的这圈人，双手按节奏击舞伴的"鼓"。

3—4小节：当鼓手的这圈人，逆时针方向行走，走到下一个舞伴对面；当鼓的这圈人，原地不动。

5—8小节：同1—2小节。

9—12小节：同1—2小节。

13—16小节：同1—2小节。

B段：

1—2小节：当鼓的这圈人，摆出让鼓手比较难敲的位置。

3—4小节：鼓手找到鼓，并合拍敲鼓。

5—8小节：同1—2小节。

9—12小节：同1—2小节。

13—16小节：鼓与鼓手面对面做双手握拳在胸前，里外转动的动作，做六拍；最后两拍音乐，鼓与鼓手双手对拍一次。

活动目标

1. 通过观察与模仿教师示范的身体动作表演，用原地动作表达出乐曲的句子与段落变化。

2. 合作完成 A 段双圈 S 型队形变换，B 段鼓的位置的即兴变换。

3. 享受集体舞活动中的乐器演奏，体验克制与合作行为所带来的有序的集体活动。

活动准备

● 音乐 CD。

活动过程

1. 欣赏与感受音乐。

（1）教师在座位上示范随乐的身体动作表演，请幼儿观察教师做了哪几个动作。

（2）幼儿回答观察结果，其中教师插入必要的分段分句示范。

（3）幼儿坐在座位上随乐表演。

（4）两位教师示范表演具有鼓与鼓手角色分配的身体动作表演。

（5）幼儿观察后回答两人表演与一人表演之间的差异。

（6）幼儿两两合作完整表演音乐。

2. 队形中的表演。

（1）请男孩围成 V 形单圈。

（2）请女孩围成第二圈并面向舞伴。

（3）请幼儿在双圈队形中原地两两合作做动作。

（4）学习双圈 S 形队形变换，走路动作部分替换成队形变换。

（5）随音乐加队形变换的循环表演。

（6）当鼓的幼儿拿散响类乐器替代手掌，当鼓手的幼儿敲击散响类乐器。音乐循环播放，全班幼儿表演。

活动五 田纳西摇摆

（南京师范大学附属幼儿园 王 玥 设计并执教）

音乐材料设计

【乐 谱】

摇 摆 舞

（田纳西摇摆）

美国集体舞音乐

$1=F \dfrac{4}{4}$

(1̇·1̇ 5 5 1̇·1̇ 5 5 5 6 5 | 1̇·1̇ 5 5 1̇·1̇ 5 5 5 2̇ 1̇) |

主题一：

3 2 3 3 2 1 6 1 5 | 3 2 3 3 2 1 6 2 2 | 3 2 3 3 2 1 6 1 5 | 3 3 3 3 2 1 5 2 1 ‖

主题二：

5 5 6·6 5·5 3 | 2 2 1 2 2 1 6 6 6 5 | 5 5 6·6 5·5 3 | 3 2 3 2 3 3 2 1 6 1 1 ‖

【音乐句段结构分析】

这是一首由a、a'、b、a"四小段构成的歌曲，间奏使用歌曲中a段音乐材料，并做了一次变奏处理，原曲歌唱了两次。《摇摆舞》音乐把歌唱与间奏部分重复了一次，这样歌唱就出现了三次。

这首曲子的曲式结构分析图如下，其中大的结构由"歌唱"、"间奏"与"歌唱"三部分组成，小写字母表示每部分的段落：

歌唱	间奏	歌唱	
前奏 a a' b a"	a a'	a a' b a"	尾声

【集体舞动作设计】

歌唱部分：

a段：

队形：全体小朋友双圈面向圈上，里圈与外圈小朋友手拉手。

第1小节：前两拍手拉手跑步，共跑四步，后两拍停步并用眼睛看舞伴。

第2、3、4小节：同第1小节。

a'段：同a段。

b段：

队形：同a段。

第1小节：前两拍双手分别拍肩，一拍一次，后两拍扭动全身。

第2、3、4小节：同第1小节。

a"段：

第1小节：前两拍双手洗脸，一拍一次，后两拍扭动全身。

第2、3、4小节：同第1小节。

间奏部分：

a段：换队形。

第1小节：前两拍，里圈小朋友不动，外圈小朋友朝手腕花方向跑四步；后两拍外圈与里圈的新伙伴握手四次。

第2、3、4小节：同第1小节。

a'段：

1—4小节：里圈与外圈小朋友互相捣痒痒玩耍。

【即兴动作建议】

预设即兴表演的音乐为歌唱部分的b与a"这两段音乐。这两段音乐由原来的固定模型动作，变成领头人即兴做动作，其他小朋友跟着模仿。动作的节奏型不变，为 ×　×　××　× | 扭 一 扭 。b段一个领头人，a"段一个领头人，每个领头人想一个动作并做四次。

注意事项：《摇摆舞》音乐共有三次歌唱，所以歌唱部分的b段与a"段也会相应地出现三次，每次两个领头人，一次表演共要六个领头人。

第一课时　队形变换活动

活 动 目 标

1. 自如表演不移动动作 ×　×　××　× | 扭 一 扭 的动作模型与两拍移动两拍原地的动

做模型。

2. 意识到在集体舞表演中需要与舞伴进行眼神、肢体的交流，并享受这种交流带来的愉悦。

3. 理解教师布置的观察任务，并带着任务意识去观察教师的示范。

 活 动 准 备

1. 在《摇摆舞》活动前一至二周，利用日常生活活动时间，带领幼儿玩"木头人"、"领头人"、"照镜子"三个生活游戏。其中"木头人"的游戏转化成音乐游戏的版本，并接触《摇摆舞》音乐的歌唱部分。

三个生活游戏的具体玩法如下：

（1）游戏一：木头人

● "木头人"游戏玩法

玩者边拍手边说童谣"山山山、山山山，山上有个木头人，不会说话不会动，动动就是小蜜蜂。"说完做一个动作不能动，谁动谁输游戏停止，坚持到最后者为胜者。

● "木头人"游戏在《摇摆舞》音乐中的玩法

放歌唱部分的音乐，要求每一句完成一次"木头人"玩法，即每跑二步停下来做一个向后看的动作并不动。音乐到第二句接着第一句的动作做下去，循环往复。

注意事项：做停止动作不再受语言规定，而是受音乐规定。

（2）游戏二：领头人

游戏玩法：

大家围成一个圆或半圆，教师指定某小朋友做怪异脸部表情或动作，其他小朋友速度跟着模仿；教师不断变换领头人，领头人要迅速想出表情或动作，其他小朋友的模仿也要迅速跟上。

（3）游戏三：照镜子

游戏玩法：

小朋友两两成对，面对面站立或坐着，其中一位小朋友做各种表情或动作，另一位小朋友进行同方向的模仿。

2. 幼儿已经熟悉集体舞表演中单圈、双圈队形的常规。

3. 两种颜色手腕花，人手一个、并配成对。

4. 活动室内的椅子排放成圆形，椅子之间有足够距离便于幼儿进出。

5. "摇摆舞"音乐的音响资料与播放设备。

活动过程

1. 幼儿随着"摇摆舞"歌唱部分的音乐，玩"木头人"音乐游戏进教室。

2. 幼儿学习不移动的"× × ×× × |（扭一扭）"动作模型，并进行联想。

（1）教师落座于幼儿的圈中，成全封闭性教学站位。

（2）教师示范不移动的"× × ×× × |（扭一扭）"动作模型，并提出观察任务。

① 教师：现在老师要做一个动作，请小朋友看看老师做了什么动作？

② 教师示范拍手两下、一拍一下，扭动身子两拍的动作。（拍手两下，再扭身子）

③ 教师要求幼儿要详细回答。如，幼儿回答拍手，教师追问：老师拍了几次？幼儿回答扭，教师追问：老师怎么扭的？你能不能做一下？

④ 请幼儿跟着老师做动作。

（3）进行"× × ×× × |（扭一扭）"动作的创编。

① 教师：老师拍的是手，你们能不能想出拍身体其他部位的动作，但是要符合"× × ×× × |（拍拍 扭一扭）"的节奏型。（教师选择几个小朋友的动作进行全班练习）

② 教师：好，现在我们不做拍的动作了，做洗漱的动作。老师做一个刷牙的动作，变成"× × ×× × |（刷刷 扭一扭）"，你们还能变什么？（教师选择几个小朋友的动作进行全班练习）

③ 教师：好，现在我们再想各种小动物的动作，看看谁能想出来？（教师选择几个小朋友的动作进行全班练习）

（4）确定"× × ×× × |（扭一扭）"的两个集体表演的动作，并合音乐。

① 教师：现在我们选择拍肩与洗脸两个动作，我们合着音乐做一做。

② 放音乐的歌唱部分，全体幼儿做由这两个动作组成的动作模型。

3. 学习换舞伴的"两拍跑步、两拍握手"动作模型。

（1）形成双圈队形。

① 教师：现在请小朋友拿起小椅子，往后放下。

② 教师：戴黄花的小朋友围圈站好，背朝圆心。

③ 教师：戴红花的小朋友找到一个朋友站到外圈，脸朝舞伴。

（2）学习换舞伴的动作。

① 教师：所有小朋友用戴手腕花的手指着现在的舞伴；再顺着手腕花方向，指着下一个舞伴。动作停住，让老师检查是不是每个小朋友都指对了。好，再练习一次：指着现在的舞伴；指向下一个舞伴。

② 教师：里圈小朋友不动，外圈小朋友脸朝圈上，听老师口令跑到下一个舞伴地方，然后与新舞伴握手。听口令"X X XX X｜"。
跑 跑 握握 手

③ 教师：好，现在我们听着音乐连续地做换舞伴的动作。（放间奏音乐）

4. 学习"两拍跑步，两拍停步对视"动作模型。（这时幼儿的站位最好是原地坐下，如果活动室不能坐就形成半圆队形站立）

（1）教师带一个幼儿示范。

① 教师：我们已经会做"木头人"的音乐游戏，但是我们以前做的是停住向后看的木头人，现在我们要做看同伴的眼睛的木头人。

② 教师选一个幼儿合乐示范一次。

（2）形成双圈队形。

① 教师：戴黄花的小朋友围圈站好，脸朝圈上。

② 教师：戴红花的小朋友找到一个朋友站到外圈，脸朝圈上。

（3）全体幼儿合乐表演几次。

5. 学习"X X XX X｜"动作模型的照镜子动作。
扭 一 扭

（1）回忆照镜子游戏的规则。

① 教师：我们已经做过照镜子游戏，这个游戏最重要的一点是什么？（两个人的动作要一模一样，其实质是同方向）

② 教师：好，现在我们要做刚才做过的拍肩与洗脸的照镜子游戏，注意动作要一模一样。

（2）做照镜子的音乐动作。

① 幼儿合乐做照镜子的拍肩与洗脸动作。

② 教师选择符合要求的几对幼儿单独表演,为其他小朋友做榜样。

③ 再次合乐表演拍肩与洗脸动作。

6. 完整表演《摇摆舞》。

(1)教师:我们把与舞伴对视木头人、照镜子、换舞伴三个游戏串起来就是一个集体舞。

(2)教师分段带幼儿玩集体舞。

① 玩舞伴对视木头人游戏。

注意点:前奏时等待预备不要着急。

② 如果第一个游戏顺利,直接进入照镜子;不顺利,停下来解决。

注意点:教师的预令要准确。

③ 如果第二个游戏顺利,直接进入换舞伴;不顺利,停下来解决。

注意点:预令与"$\underset{\text{跑 跑}}{\text{X X}} \underset{\text{摇 摇 手}}{\text{X X X}} |$"的指令准确。

④ 间奏部分 a' 段音乐,请幼儿随意做拍打四肢的放松动作。

(3)放完整音乐,幼儿完整表演。

① 教师的预令与语言指令要准确到位。

② 在表演过程中随时解决问题,例如,换舞伴环节容易出现的换错情况。

第二课时　即兴动作表现活动

活动目标

1. 能用不移动与移动、不移动结合的两组动作模型,清晰地表达乐句与乐段。

2. 享受集体舞中与舞伴交流带来的愉悦情绪。

3. 在流动的音乐中,做好领头人。

活动准备

1. 人手一个手腕花,并将两种颜色配成对。

2. "摇摆舞"音乐的音响资料与播放设备。

活动过程

1. 全体幼儿表演无即兴版本的《摇摆舞》。

（1）形成双圈队形，面朝圈上。

（2）集体表演一次。

① 教师退出不参与。

② 前奏与段落转换处，教师给出预令；动作模型教师给语言指令。

（3）解决在表演过程中出现的问题。

（4）教师撤除语言指令，集体表演一次。

前奏与段落转换处，教师给出预令。

2. 学习即兴表演段落。（全体幼儿拿椅子坐成一个圈，教师的座位在圈上）

（1）教师：我们以前已经做过领头人的游戏，其实这个游戏也可以在集体舞中做。

（2）练习"× × ×× × |"动作模型的各类动作。
                    扭 一 扭

① 教师：我们再来做一做"× × ×× × |"的各种关于拍的动作。
                        拍 拍 扭 一 扭

请幼儿自由做这类动作，教师挑选做得比较规范的一些动作。（教师挑选时要避免下肢动作，如跳、踢等）

② 教师：现在来做洗漱加"扭一扭"的动作。

请幼儿自由做这类动作，教师挑选做得比较规范的一些动作。

③ 教师：做小动物样子加"扭一扭"的动作。

④ 教师：有没有我们没有做过的动作。

请幼儿自由做这类动作，教师挑选做得比较规范的一些动作。

（3）练习领头人的音乐游戏。

① 教师：现在你们每个人想好一个动作，我们来做领头人的游戏。老师先来做领头人，那么第二个领头人是谁呢？

② 循环放《摇摆舞》歌唱部分音乐，从教师开始做领头人，四句（一小段）一个领头人。教师做完自己的动作后，立即到下一个领头人处去提醒指导，以便游戏流畅进行。

③ 有6—8个幼儿做了领头人，是这一环节游戏比较适中的时间。

（4）教师：这个领头人的游戏加到我们集体舞的什么地方呢？加到我们原来做照镜子游戏的地方吧。

3.全体表演即兴版本的《摇摆舞》。

（1）形成双圈队形，面朝圈上。

①把椅子搬到旁边。

②戴黄手腕花的幼儿入圈。

③戴红手腕花的幼儿入圈。

（2）教师：两个改动的地方，第一，知道在哪个地方做领头人游戏吗？（原来做照镜子游戏的地方）第二，原来我们做拍打手臂、腿放松的地方，现在做与舞伴挠痒痒的动作。

①教师：谁能把刚才老师讲的两个改动的地方再说一遍。

②教师确认所有幼儿都意识到了改动的事项。

（3）全体幼儿表演即兴版本的《摇摆舞》。

①教师预令跟上。

②教师在领头人游戏时站在领头人幼儿旁边提醒与指导。

③解决表演中的问题。

④最后完整表演一次。

活动六 莎　莎

（南京师范大学附属幼儿园　原创）

【音乐材料设计】

【乐　谱】

莎　莎

俄罗斯民间舞曲

$1=F \frac{2}{4}$

（乐谱）

【顶锅盖游戏玩法】

幼儿两两相对玩耍。一个幼儿伸出右手掌，手心朝下放在胸前，表示锅盖；另一个幼儿伸出一只手并竖起食指顶住"锅盖"。当老师发出"预备——起"的口令后，当锅盖的幼儿用"锅盖"——手掌去抓顶锅盖幼儿的食指；顶锅盖的幼儿则快速抽回顶锅盖的食指。

【动作设计】

队形：单圈围坐或站立。

引子：

第1小节：第一拍口念"莎莎"二字，右手与声音一起在胸前伸出食指点一点；

第二拍停止。

第2小节：同第1小节。

第3、4小节：数1、2、3，一拍数一个数字，右手数1时伸一个手指头，数2时伸两个手指头，数3时伸三个，第四拍停止。

A段：

第1小节：按 ×× ×节奏型拍手与拍腿，第一拍拍两下手，第二拍拍一下腿。

第2、3、4小节：同第1小节。

5—8小节：把拍腿动作改为拍头，其余同第1—4小节。

9—11小节：双手握拳，在胸前由里向外交替转动。

第12小节：嘴喊"嘿——"的声音，双手打开做一个顺风旗的动作。

13—15小节：双手握拳，在胸前由外向里交替转动。

第16小节：同第12小节。

B段：

每个幼儿都面向圆心手臂伸开，左手做"锅盖"，右手做"顶锅盖"。

第一次B段，四句全做头部运动，但第一句换方向或动作，最后两拍做"顶锅盖"游戏中抓与跑的动作。每个幼儿既要完成抓又要完成跑的动作。

第二次B段，四句全做肩部动作，其余同第一次。

第三次B段，四句全做臀部动作，其余同第一次。

第四次B段，四句全做腿部动作，其余同第一次。

活动目标

1. 能合乐地与小伙伴合作玩顶锅盖的游戏。

2. 在合拍的前提下变动身体部位的拍法与身体的运动部位，体验即兴表演带来的快乐。

活动准备

1. 幼儿会玩顶锅盖民间游戏。

2. 多媒体播放设计。

活动过程

1. 拍手与拍身体某部位交替动作的确认与练习。

（1）教师合 A 段音乐示范拍手与拍腿的交替动作。

（2）幼儿观察后说出动作的频率与交替方式，并学习这种拍法。

（3）请幼儿保留拍手动作，但通过拍身体的其他部位替换掉拍腿动作。

（4）操作不同幼儿提出的不同建议，最后确认两个动作用于集体表演。

2. 学习 A 段音乐中的轱辘转动作。

（1）教师示范。

（2）幼儿通过观察回答动作数量、动作方向变化与最后的动作造型。

（3）幼儿模仿学习。

3. 复习顶锅盖传统游戏。

（1）幼儿两两相对而坐，玩单手顶锅盖游戏。

（2）幼儿两两相对而坐，玩双手顶锅盖游戏。

（3）教师提议在玩双手顶锅盖游戏时，由两两相对方式改为在单圈中一对二方式。

（4）幼儿做在单圈中的顶锅盖游戏。

（5）为顶锅盖游戏配上音乐。

（6）解决动作配音乐过程中出现的困难。

（7）幼儿完整表演 B 段音乐。

4. 幼儿完整表演。

（1）在教师示范与语言指令带领下，幼儿进行 A、B 两段音乐的完整表演。

（2）讨论表演时存在的困难与问题。

（3）根据改进建议再表演一次。

5. 增加 B 段挑战的表演。

（1）教师提出新的挑战：B 段在顶锅盖的同时，增加身体某部位的合拍动作。

（2）教师与幼儿讨论：身体哪些部位可以用来做局部运动。

（3）总结讨论结果：按从上到下的秩序增加身体部位动作。

（4）幼儿进行加入新动作的表演。

（5）加入新动作，进行音乐循环表演。

活动七 口哨与小狗

（宁波市江东实验幼儿园 陈 静 执教）

【音乐材料设计】

【乐　谱】

口哨与小狗

[美] 普莱亚 曲

（乐谱略）

【作品分析】

这是美国作曲家普莱亚在1905年创作的一首管弦乐小曲《口哨与小狗》，它结构清晰，为A、B、A三段体的乐曲，同时节奏感强，曲调轻松活泼，形象逼真、可爱，适合大班初期幼儿愉快地学习集体舞。

【图　谱】

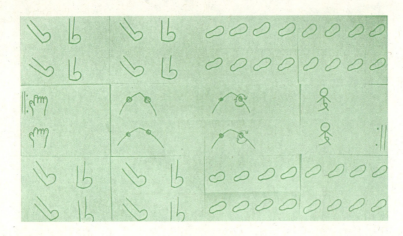

【动作预设】

A段：

幼儿围成两圈，女孩站在外圈，男孩在里圈。里外圈的男女幼儿相互拉手后共同面向圈上，按逆时针方向行走。

第1小节：做踢的动作。

第2小节：做踢回原位的动作。

3—4小节：动作同1—2小节。

5—8小节：按音乐节奏踏步行进走。

9—12小节：动作同1—4小节。

13—16小节：动作同5—8小节。

B段：

外圈女孩按照逆时针方向依次与内圈下一位男孩跳舞。

1—2小节：男女孩子拍手，男孩原地不动，女孩向下一位男孩走动，两人面对面站好。

3—4小节：男、女双方各自左手放于腰后，右手于头顶相握。

5—6小节：男孩动作同3—4小节，女孩手部动作不变身体向右方钻一圈。

第7小节：男孩上举右手，女孩双手侧平举。

第8小节：男孩右手放左肩，女孩右腿放左腿后，共同弯腰行礼。

9—16小节：女孩再换一位舞伴跳舞，动作同1—8小节。

A'段：

重复 A 段一切动作，在狗叫处幼儿相互表现逗狗的神情，在音乐最后一节处做木头人的动作这样小狗就不追了。

【生活游戏"小狗与木头人"玩法】

教师当小狗在前面走，幼儿两人一对拉手在后面跟走，当音乐中出现哨声时回头看，幼儿不动，游戏根据音乐可以重复进行。

1. 初步学习集体舞《口哨与小狗》，学习用右脚起步，有节奏地跟着音乐踢、踏和走步。

2. 知道手腕花在动作转换及合作舞蹈时的提示作用，感受音乐 A、B、A 乐段，并用动作表达。

3. 能体现出与同伴散步、跳舞时愉悦的心情。

1. 图谱。
2. 剪辑好的音乐。

1. 玩"小狗与木头人"的游戏，感知音乐旋律与节奏。

两人一对拉手走，在哨声处回头看，幼儿不动。

2. 利用图谱让幼儿熟悉舞蹈的基本动作。

（1）这首音乐不仅能做游戏，还能跳舞呢，请大家仔细看老师做了什么动作？

（2）老师把这个舞蹈画在了图谱上，你们看得懂吗？

（3）教师再次示范，让幼儿看看哪些动作是自己会做的，哪些动作是不太懂需要大家帮助解决的？

（4）教师逐步解决幼儿的难题，如：两人合作转圈的动作，女孩有礼貌地行礼，男孩可以怎样行礼呢；等等。

（5）幼儿听音乐进行完整舞蹈的练习，教师口令提示。

（6）不看图谱进行练习，让幼儿进行动作的记忆。

3. 进行集体舞的队形练习。

（1）教师示范散步的动作，让幼儿看看教师的方向有什么变化。

（2）幼儿不听音乐进行练习。

（3）幼儿听音乐进行练习。

（4）对交换舞伴进行讲解，用有手腕花的手点对面的孩子，两人同时拍手往前走，更换新舞伴。

（5）在方向变换处进行无音乐练习。

（6）完整进行练习，注意表情的交流。

活动八 快乐游戏舞

（宁波市江东实验幼儿园 蒋 静 设计并执教）

 音乐材料设计

【乐　谱】

快乐游戏舞

$1=\flat B \quad \frac{4}{4}$

【动作建议】

A 段：

1—2 小节：玩"写王字"的游戏。

3—4 小节：玩"炒黄豆"的游戏。

5—8 小节：手指游戏。（一个手指刷刷刷、两个手指剪剪剪、三个手指变小猫、四个手指飞呀飞，五个手指跳跳跳、六个手指打电话，你好吗？我很好！）

B 段：

1—2 小节：玩"写王字"的游戏。

3—4 小节：准备提示：面对面，蹲下来，搭呀搭呀搭，高高的山洞搭好啦，钻山洞喽。

5—8 小节：每两列纵队玩"钻山洞"的游戏。

9—12 小节：手指游戏。（同上）

【图　谱】

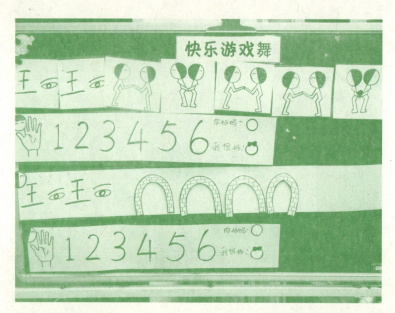

1. 随音乐、看图谱学习变换动作，并表现出舞蹈结束时的造型。
2. 学习跳直列舞，探索两列合作，合拍轮流钻洞的方法。
3. 通过游戏感受音乐欢快的旋律，体验直列集体舞带来的愉快情绪。

1. 熟悉写"王"字、炒黄豆、手指歌等游戏。
2. 人手一个手腕花。
3. 图谱。
4. 音乐 CD。

1. 幼儿随着"手指歌"舞蹈部分的音乐，边玩边进教室。

2.感知音乐形象，探索游戏动作与音乐的匹配。

（1）教师落座于幼儿半圆形中。

（2）播放音乐前半部分，教师示范动作模型，并提出观察任务。

①教师：请小朋友看看老师刚才做了什么动作？

②动作是怎样排列的？

③教师要求幼儿将打乱的图谱按照教师示范的动作模型重新排图。

④请幼儿跟随音乐、看图谱做动作。（教师镜面示范）

3.学习看图谱跳直列舞，初步尝试两列合作，合拍轮流钻洞的方法。

（1）出示完整图谱，问：哪里出现了新动作？我们会做什么动作？听一听什么时候开始钻洞？什么时候换钻洞的人？每个小朋友都要钻过几个山洞？

（2）请两列幼儿上来练习，集体发现问题，共同解决。

（3）全体尝试听音乐两列合作，合拍轮流钻山洞。

（4）练习直列舞队形，随乐尝试完整跳。（针对孩子的表情、朝向问题，提出解决方案统一方向）

4.完整跳直列舞，探索结束造型，体验集体舞的乐趣。

（1）观看造型图，探索队形的排列。

（2）鼓励幼儿自由表现自己的谢幕动作，要求动作美观，也可以和同伴合作。

（3）幼儿完整表演。

第五部分 幼儿园音乐游戏教育活动设计实例

一、中大班音乐游戏教育活动设计实例

活动一 饼干和酸奶枪

（南京市三八保育院 陈静奋 设计并执教）

音乐材料设计

【乐 谱】

饼干和酸奶枪

［奥］海 顿曲

$1=C \dfrac{2}{4}$

♩=60

【作品分析】

音乐选自交响乐之父海顿的作品《惊愕》交响曲,此曲节奏鲜明,充满了生机盎然的民间歌舞气息和明快欢乐的情绪。符合幼儿的兴趣特点。根据需要,我们对其第二乐章进行了截取,并配上了与教学内容相关的儿歌。

【身体动作设计】

1—3小节:双手做相同的捏饼干的动作。

第4小节:创编饼干的造型。(双手相同)

5—7小节:同1—3小节。

第8小节:同第4小节。

9—10小节:单手做刷油动作,左右手各做2次。

11—12小节:双手做捧起动作,然后,放于鼻子下做"闻"的动作。

13—14小节:同9—10小节。

15—16小节:同11—12小节。

(注:第12小节结尾处,全体幼儿双手打开,口中叫"啊")

16—23小节:自由创编"饼干"软掉的动作。

(注:幼儿可原地做动作、也可在一定空间范围内移动,但不可倒地)

【游戏玩法设计】

1. 建议在单圈上玩,所有幼儿面向圆心。

2. 第一声"枪响",所有幼儿做"饼干"软掉的动作造型,不能倒地。

3. 第二声"枪响","开枪人"(教师或幼儿)对着一块"饼干",这名幼儿要缓缓地"软"在地上,倒地时,身旁两名幼儿开始反向追逐跑。

4. 考虑到游戏的可循环性,建议先倒下的幼儿做下一个"开枪人",后倒下的幼儿创编下一个动作的造型。

【活动目标】

1. 合乐完整表演,最后饼干软掉情节需要即兴创编动作。

2. 遵守饼干缓缓倒地与饼干倒地后两侧幼儿才能跑的规则。

3. 学习有序的集体活动所需要的自我克制行为。

活动准备

● 音乐 CD。

活动过程

1. 故事导入。

娇滴滴女王欢迎所有的小饼干到饼干王国去玩。在去饼干王国之前，我们要将自己捏成一块硬饼干。到了饼干王国，娇滴滴女王用酸奶枪来欢迎我们，酸奶枪打在我们的身上，我们就会……（软）你们愿意去饼干王国吗？

2. 选取动作。

小饼干们，你们想把自己捏成什么动物？这些动物的动作怎么做？

3. 故事、动作与音乐匹配。（放音乐1）

（1）坐在座位上做上肢动作：捏饼干——刷油——软掉。

（2）站在座位前做上肢动作。

4. 更高更适宜的挑战。（放音乐2）

（1）幼儿创编饼干软掉的动作。

（2）加入游戏规则：最后一枪打到哪块饼干，这块饼干就慢慢软掉倒地，身边两块饼干要在他倒地后进行反方向追逐。

5. 循环游戏。（1—2遍）

活动二 狡猾的狐狸在哪里

（南京市北京东路小学附属幼儿园　成　媛　设计并执教）

 【音乐材料设计】

【乐　谱】

狡猾的狐狸在哪里
（瑞典狂想曲）

［瑞典］雨果·阿尔芬曲

1=C 4/4
欢快

A段

（乐谱）

B段

【作品分析】

《瑞典狂想曲》是由瑞典作曲家雨果作曲，再由裴西改编浓缩而成。此乐曲旋律变化丰富，给人一种强烈的艺术感受和听觉想象空间，非常适合幼儿进行学习。根据教学需要，我们将《瑞典狂想曲》截出 A、B 两段。这两段结构简单、规整，更加有利于幼儿的欣赏和游戏的进行。

【动作与游戏规则建议】

游戏中有三个角色：公鸡、母鸡和狐狸。

前奏：

男孩、女孩分别扮演公鸡、母鸡，在地面上找一个事先贴好的1—10的数字点站好，排列成双圈队形，做好集体舞准备。

A段：

第1小节：扮演公鸡和母鸡的幼儿随音乐的节奏，双手在身体两边做跑动的动作。跑动时扮演公鸡的男孩在外圈上原位做跑动的动作，而扮演母鸡的女孩，则按顺时针的方向行进，移动至下一位扮演公鸡的男孩面前。

第2小节：扮演公鸡和母鸡的幼儿，跟随音乐的节奏，一边做耸肩，一边做摊开双手的诙谐动作。

第3小节：同第1小节。

第4小节：同第2小节。

B段：

1—2小节：双手各伸出食指和中指，横在眼前，并随乐有节奏地旋转，表现仔细看的动作。

第3小节：扮演公鸡和母鸡的幼儿，一边双手做出"手枪"状，随乐有节奏地表现出搜寻狐狸的动作，一边走着进行内外圈的交换。

第4小节：内外圈交换位置后，大家继续做出"手枪"状，并随乐原地表现出搜寻狐狸的动作。音乐停止后，教师任意报出1个数字，如报"5号！"，站在5号内圈位置的"公鸡"此刻就变成"狐狸"，去捉站在5号位置外圈上扮演鸡的幼儿，两人围着圆圈朝同一个方向追逐跑，鸡先跑回原来的位置，鸡就胜利了，若鸡没跑回原来的位置，被扮演狐狸的幼儿捉住，狐狸就胜利了。

【儿歌设计】

A段：狡猾的狐狸在哪里，嗯？嗯？狡猾的狐狸在哪里，嗯？嗯？狡猾的狐狸在哪里，嗯？嗯？狡猾的狐狸在哪里，嗯？嗯？

B段：仔细看一看，仔细瞧一瞧！狡猾的狐狸，狡猾的狐狸，可能就是你！仔细看一看，仔细瞧一瞧！狡猾的狐狸，狡猾的狐狸，可能就是你！

活动目标

1.学习跟随A、B段音乐，表现双圈集体舞"狡猾的狐狸在哪里"中的相关游戏动作，明确交换同伴及内外圈交换的规则。

2.借助标记的提示，了解交换朋友的方向，并能根据教师发出的数字信号，快速做出"追逐或逃离"的反应。

3.活动中，体验空间变换及听信号快速反应所带来的挑战乐趣。

活动准备

1. 剪辑《瑞典幻想曲》A、B两个片段的MP3音乐。
2. 男、女孩各10名，右手上都贴有一个标记作为换朋友的记号。
3. 事先在地面上贴数字点1—10，所贴的数字点可以围成一个大圆圈。

活动过程

1. 幼儿欣赏故事，了解"狐狸想混进养鸡场吃鸡"的情节。

2. 幼儿边听教师念儿歌，边观察教师表演"鸡寻找狐狸"的游戏动作，进一步感知A、B段音乐的旋律、结构及其游戏动作的顺序。

（1）幼儿边听音乐，边观察教师有节奏地念儿歌与表演"鸡找狐狸"的游戏动作。

（2）幼儿学习用动作或语言，表述自己所观察的"鸡找狐狸"的动作顺序。

3. 集体学习"狡猾的狐狸在哪里"的表演动作。

（1）幼儿跟随儿歌的节奏，坐在座位上练习游戏动作。

（2）幼儿跟随A、B段音乐，坐在座位上练习游戏动作。

（3）幼儿跟随A、B段音乐，在场地中央分散站开，练习游戏动作。

4. 幼儿站成双圈队形，男孩在外圈扮演公鸡的角色，女孩在内圈扮演母鸡的角色，练习在A段音乐处玩"母鸡找狐狸"的游戏。

（1）教师扮演母鸡，示范按顺时针方向找狐狸的动作，引导幼儿观察"母鸡"移动的方向及交换了四个同伴的次数。

（2）教师哼谱，扮演母鸡的女孩子尝试玩"母鸡找狐狸"的游戏，明确顺着贴标记的右手方向（即顺时针方向）交换同伴的规则。

（3）集体跟随A段音乐练习游戏。

5. 幼儿站双圈队形，男、女孩分别扮演公鸡和母鸡，练习在B段音乐处内外圈交换位置的游戏规则。

（1）教师站内圈扮演母鸡，邀请外圈上一位扮演公鸡的男孩与自己合作，示范在B段音乐处交换位置的规则。

（2）幼儿表述内外圈交换位置的方法，并练习内外圈交换的游戏动作。

（3）集体跟随 B 段音乐练习交换规则与游戏动作。

6. 幼儿跟随 A、B 段音乐，完整地表演"母鸡找狐狸、公鸡母鸡交换位置找狐狸"的游戏情节。

7. 幼儿听教师发出的数字信号，进行"狐狸捉鸡或鸡儿逃离"的快速反应游戏。

（1）教师引导内外圈幼儿先认清自己站的是几号数字点，然后观察教师与一名幼儿示范"喊到几号，几号追逐跑"的规则。

（2）幼儿明确喊号追逐跑的规则后，教师任意喊一个数字号码，幼儿练习"内圈狐狸追外圈鸡"的快速反应游戏。

8. 幼儿跟随音乐 A、B 段，完整地玩"狡猾的狐狸在哪里"的听信号快速反应游戏。

活动三 逗 牛

（南京市游府西街幼儿园原创）

  音乐材料设计

【曲 谱】

牛仔很忙

黄俊郎词
周杰伦曲

$1=\text{B} \dfrac{4}{4}$

(5 35 5 1 1 1 5 | 2 3 5 5 5 5 1· | 1 1 6· 6 6 4 |

3 5 1· 1 5 3 | 5 - - 5 6 | 1 - - 1 2 |

3 - 3 1 2 1 | 1 - -) 0 5 ‖: 1 1 1· 2 3 1 0 6· |

　　　　　　　　　　　　　　　　　1. 呜　啦啦啦,火车笛　随
　　　　　　　　　　　　　　　　　2.(我) 啦啦啦,骑毛驴　因

1 1 1· 6 5 0 5 | 1 1 1· 2 3 1 0 1 | 2 2 2 1 2 3 2 0 5 |

着奔腾的马蹄, 小妹妹吹着口琴, 夕 阳下美了剪　影, 我
为马跨不上去, 洗 澡都洗泡泡浴, 因 为可以玩玩具, 我

1 1 1· 2 3 1 0 1 | 6 1· 2 1 5 | 1 1 1　5 4 3 1 |

用子弹写日记, 介 绍完了风 景, 接 下来换　介绍我自
有颗善良的心, 都 只穿假牛 皮, OH, 跌倒时尽 量不压草

1 - - 0 5 | 1 1 1· 2 3 1 0 6· | 1 1 1· 6 5 0 5 |

己。　　　(0 X) 我 虽然是个牛仔, 在 酒吧只点牛奶, 为
皮。　　　WU　 枪 口它没长眼睛, 我 曾经答应上帝, 除

1 1 1· 2 3 1 0 1 1 | 2 2 2 1 2 3 2 0 5 | 1 1 1· 2 3 1 0 1 |

什么不喝啤酒? 因为 啤酒伤身体。 很 多人不长眼睛, 嚣
非是万不得已, 我 尽量射橡皮 筋。 老 板先来杯奶昔, 要

124

```
 6  1  1̇ 2̇ | 1  5 | 1 1 1. 1 5 4 3 1 | 1 -  0 X  X |
 .
张  都 靠 武器, 赤  手 空拳  就 缩 成 蚂   蚁。)
逃  命 先 请你, 顺  便 喂喂 我 那 只 小 毛 驴。)          HI HA,

 2222 1222 21 2222 | 2222 1222 21 1 |
 不用麻烦了,不用麻烦了,不用麻烦  不用麻烦了,不用麻烦了。

 2222 1222 21 2222 | 2222 222 2222 2 |
 你们一起上,我在赶时间,每天决斗  欢众都累了,英雄也累了。

 2222 1222 21 2222 | 2222 1222 21 1 |
 不用麻烦了,不用麻烦了,副歌不长  你们有几个一起上好了,

 2222 1222 21 2222 | 1 -  -  0 |
 正义呼唤我,美女需要我,牛仔很忙 的。          第二段(X 5 6)
                                                      WU
```

1.
```
(X. X XXXX X. X XXXX | X. X XXXX X X  X |
     （跳踢踏舞或击掌的鼓点声）

 X. X XXXX X. X XXXX | X. X XXXX X X  X | 3. 3 33 31 21 |

 1. 1 11 11 21 | 3. 3 33 31 21 | 1. 1 11 2) 3 4 |
                                              虽然

 5 -  4 5 2 | 2 1 1 - 1 2 | 3 3 1 2 1 1 1 |
 俺    在 乎透  明,     为了 爱 隆 嘛 跨 不 里。
```

2.
```
 1 - - 0 5 :‖ (1̇ 1̇ 6 5 5 2 1 | 2 1 1 2 1 0 5 6 |
          我

 1̇ 1̇ 6 5 5 2 1 | 2 1 1 2 3 2 0 1 2 | 3 5 5 3 6 5 3 2 1 |

 2 1 1 6 1 0 5 6 | 1̇ 1̇ 6 5 5 3 2 | 1 - ) 0 X  X |
                                                HI HA!
```

```
2 2 2 2  1 2 2  2 2 1  2 2 2 2 | 2 2 2 2  1 2 2  2 2 1  1     |
不用麻烦了,不用麻烦了,不用麻烦  不用麻烦了,不用麻烦了,

2 2 2 2  1 2 2  2 2 1  2 2 2 2 | 2 2 2 2  2 2 2  2 2 2  2     |
你们一起上,我在赶时间,每天决斗  观众都累了,英雄也累了。

2 2 2 2  1 2 2  2 2 1  2 2 2 2 | 2 2 2 2  1 2 2  2 2 1  1     |
不用麻烦了,不用麻烦了,副歌不长  你们有几个 一起上好了,

2 2 2 2  1 2 2  2 2 1  2 2 2 2 | 1   -           0 X     X    ‖
正义呼唤我,美女需要我,牛仔很忙 的。              HI    HA!
```

【音乐作品分析】

音乐选自周杰伦的歌曲《牛仔很忙》,这个音乐带给我们一种时尚与动感,而且节奏很鲜明,段落很清晰,幼儿喜欢听而且能听懂。根据需要我们截取的是音乐的前奏、副歌和第一段主歌以及过渡部分。

【动作设计】

前奏:手心朝上,随着音乐节奏摇晃身体。

主歌:

1—4小节:双手捂着眼睛,不许偷看。

5—8小节:双手在胸前做火车咕噜转动作。

后8小节同上。

副歌:

第1小节:跟随音乐的节奏拍手。

第2小节:两只手手心朝前,做跟别人拍手的动作。

第3小节:右手做小牛的动作,举过头顶随着音乐抖动。

第4小节:两只手做小牛的动作,放在耳朵两旁,随着音乐左右摇摆。

接下来的三段音乐都有4小节,身体动作与上述第1—4小节的动作相同。

过渡:

1—2小节:双手叉腰,做生气状。

3—4小节:双手握拳放在眼睛上,做哭状。

5—8小节:随着音乐做鬼脸逗小牛开心,动作不限定。

9—12小节:跟前奏动作相同,手心朝上,随着音乐节奏摇晃身体。为重复下

一轮动作做准备。

【舞伴交换动作设计】

交换舞伴的动作主要是在音乐的副歌部分。每个小朋友找到自己的舞伴，面对面站好。

第1小节：跟随音乐的节奏拍手。

第2小节：随乐与对面的搭档拍手。

第3小节：右手做小牛的动作，举过头顶随着音乐抖动。

第4小节：音乐一开始小朋友就将做小牛状的右手握住对方的手，同时脚向侧前方跨一步，两个人变成背对背。这样，舞伴就换成另一个小朋友了。

【传统游戏"丢手绢"玩法】

所有小朋友围成一圈蹲下，其中一个小朋友站起来，拿着手绢，开始绕外圈走。蹲着的小朋友开始唱歌"丢啊，丢啊，丢手绢，轻轻地放在小朋友的后面大家不要告诉他"歌曲结束之前丢手绢的小朋友必须把手绢放在某个小朋友的身后，然后快速回到自己原本的位置。被选中的小朋友必须第一时间发现手绢在他后面，拿起手绢追上丢手绢的小朋友，算是胜利，否则就是失败，需要表演一个节目。

活 动 目 标

1. 在熟悉乐曲旋律和结构的基础上，学玩音乐游戏《逗牛》，能合乐做各种逗牛和交换舞伴的动作。

2. 能在腕带的帮助下，迅速结伴并交换舞伴。

3. 体验与不同伙伴跳舞和躲藏追跑做游戏带来的快乐。

活 动 准 备

1. CD或MP3及多媒体播放设备。

2. 幼儿会玩"丢手绢"的游戏。

3. 幼儿每人右手戴一只腕带或一块红布。

4. 幼儿围坐成圆圈。

活动过程

1. 教师带领幼儿随着牛仔很忙的音乐进入活动场地，围成圆圈坐在地垫上。

教师：你们看过斗牛表演吗？斗牛是什么样子的，谁来表演下斗牛士呀？

教师：斗牛的时候，有了斗牛士，还缺了谁啊？如果只用手来表示牛，你们会用什么动作呢？

教师：今天，我们来玩个逗牛的游戏，好吗？

2. 教师引导幼儿学习《逗牛》游戏的玩法。

（1）教师带领幼儿简单学习游戏基本动作，熟悉之后教师完整示范游戏玩法。

① 播放音乐，教师与幼儿简单学习游戏基本动作。

② 教师：接下来，我来扮演斗牛士，来逗逗你们这些小牛。我的红布丢在谁那里，谁就起来追我，好吗？（教师故意被小牛追住表演生气的动作）

（2）教师引导幼儿表述游戏玩法。

教师：谁来说一说，我们是怎么玩的？（重点讲解生气和逗乐一段的表演）

（3）教师当牛仔，带领幼儿进行游戏。

（4）教师引导幼儿表述、学习牛仔角色的扮演。

教师：牛仔做了哪些动作逗小牛？你们来试一试，好吗？

（5）幼儿完整游戏。

3. 教师引导幼儿学习《逗牛》游戏中的集体舞。

（1）教师引导幼儿学习两人结伴玩游戏的方法。

教师：斗牛结束了，我们来开个舞会吧。如果用刚才斗牛时的动作让你来跳个邀请舞，你会怎么跳呢？（请个别幼儿示范）

（2）幼儿用结伴的方法交换舞伴。

（3）教师引导幼儿迁移"找朋友"的游戏经验，学习交换舞伴的方法。

教师：我还想和更多的小牛拍拍手一起玩，怎么办？（引导圈内的幼儿找舞伴）

教师：接下来，我们听着音乐来跳个邀请舞吧。（教师参与，重点表演找不到朋友的场面）

（4）幼儿完整进行集体舞游戏。

活动四 酸酸葡萄

（长沙市政府机关第二幼儿园　张梦翎　设计并执教）

音乐材料设计

【曲　谱】

酸酸葡萄

彭　野词曲

1=D 4/4

1 1 2 3 3 0 0 | 4 3 2 4 5 4 3 0 0 | 1 1 2 3 3 0 0 |
有一只 狐狸　　　　走过葡萄 园，　　　　它看见 葡萄

4 3 2 4 5 4 3 0 0 3 | 5 3 6 5 0 0 3 | 3 2 4 3 3 0 0 |
大 又 圆，　　　它 心里 发痒，　　它 嘴里 发酸，

1 1 2 3 2 0 0 | 6 2 6 2 1 0 0 3 | 5 3 6 5 0 0 |
它多想 摘来　　　解 解 馋。　　它 跳啊，跳啊，

3 2 4 3 3 0 0 | 1 1 2 3 2 0 0 | 2 2 1 3 2 3 0 0 3 |
跳啊， 跳 啊，　　跳啊， 跳啊，　　怎么也 摘不到；　它

5 3 6 5 0 0 | 3 2 4 3 3 0 0 | 1 1 2 3 2 0 0 |
跳啊，跳啊，　　跳啊，跳 啊，　　跳啊， 跳啊，

6 2 6 3 3 1 0 0 | 1 - 5 1 2 3 | 4. 5 4 4. 0 |
怎么也 够不着；　　它　　安慰 自己　说，

2 - 2 1 3 4 3 2 | 2 - - 0 | 1 - 5 1 2 3 |
葡　萄 太 酸，　　它　　　　对着 自己

4. 5 4 4. 0 | 2 - 2 1 2 3 2 1 | 1 - - 0 |
说，　　　　葡　萄 太　酸。

X X X X X X X X X X | X X X X X X X X X X |
吃不到 葡萄 就说葡萄 酸，　　吃不到 葡萄 就说葡萄 酸，

```
 ×  ×   × ×    × ×  × ×    ×  ×  × ×    × ×  ×
 你 说  应 当   不 应 当    你 说  应 当   不 应 当,
```

```
 × ×  × × ×  × ×  × × ×  | × ×  × × ×  × ×  × × × ‖
 应当  不应当  应当  不应当    应当  不应当  应当  不应当。
```

【作品分析】

音乐是选自网络歌曲《酸酸葡萄》，歌曲主要分为 A、B 两段。整首歌曲节奏鲜明、诙谐幽默，带有时尚的 Rap 风格。符合幼儿的兴趣特点，非常适合幼儿进行欣赏和学习。

【动作设计】

A 段：

1—16 小节：在胸前转动两次手腕，再到右侧转动两次手腕；

17—19 小节：拍击自己胸口；

第 20 小节：在歌词"酸"字的地方双手在胸前向前推出；

间奏：双手在胸前做火车咕噜转动作。

21—24 小节：同第 17—20 小节。

B 段：

25—26 小节：双手在嘴吧旁边做吃东西动作两拍一次；

第 27 小节：双手在耳朵两侧做转手腕动作两拍一次；

28—29 小节：歌词"应当"动作——双手拍胸前，一拍一次；

歌词"不应当"动作——双手由胸前向外推出一拍一次。

【游戏玩法设计】

1. A 段部分：领头人做动作在圈外随乐走动找朋友，其他幼儿围成圈坐下，边唱边学相应的动作。

2. 间奏部分：玩追逃游戏，先抢到椅子为赢，没有抢到椅子的幼儿进入圈中做小狐狸。

3. B 段部分：玩逗狐狸游戏，没抢到椅子的幼儿做狐狸，其他幼儿做逗狐狸的人。

活动目标

1. 了解音乐内容,通过游戏规则的遵守,表达对音乐结构的理解。
2. 体验挑战音乐游戏的愉悦感和成就感。

活动准备

1. 音乐CD。
2. 小狐狸图片。

活动过程

1. 导入。

教师:今天我们这里来了一个小客人,你们看看是谁?(小狐狸)你们向小狐狸打打招呼,你们看我是怎么给小狐狸打招呼的哦?(拍两次手,转两次手腕)你们也试试看。

2. 感受与欣赏音乐。

(1)第一次倾听音乐,了解音乐内容。

教师:小狐狸觉得你们都很热情,他要带给你们一首好听的音乐,你们来听听看,音乐里说了一件什么事?

(2)第二次倾听音乐,进一步熟悉音乐。

教师:你们刚刚把音乐里的故事都听出来了吗?现在啊,小狐狸要请你们跳舞呢,这次你们仔细地看一看小狐狸都做了哪些动作?

(3)第三次倾听音乐,合音乐做动作。

教师:你们观察的真仔细,现在我们一起跟着小狐狸听着音乐跳舞,好吗?

我们刚刚打招呼的时候是拍手转手腕,还可以拍什么转手腕啊?(拍腿,拍肩膀,拍头……)那老师来唱一唱,你们用你们自己想的动作来做好吗?

3. 玩逗狐狸的游戏。

(1)交代游戏规则,重点讲解B段逗狐狸的规则。

① B段逗狐狸规则，并示范。

教师：小狐狸啊，他吃不到葡萄就说葡萄酸，你们觉得应当不应当啊？（不应当？不应当的动作怎么做啊？应当的动作呢？）你们觉得他不应当，但是，小狐狸他说：我吃不到葡萄心里很难受的，我就安慰自己说葡萄是酸的，这当然是应当的啦。小狐狸没吃到葡萄心里很难受，我们能不能想一个好办法既不碰到小狐狸的身体又能让小狐狸开心呢？（做鬼脸）

教师：现在啊，我来做小狐狸，你们来做逗狐狸的人，好吗？待会我说，应当，你们就说，不应当。示范一次。请一个做得好的小朋友到中间一起做小狐狸，再示范一遍。

② A段游戏规则，并示范。

教师：小狐狸很喜欢跟你们玩游戏。他现在要找一个好朋友来一起玩这个游戏，他要找谁呢？别着急，仔细看，他待会要找哪个好朋友来玩这个游戏？还要仔细听他在歌词的哪个字找到了好朋友？（两个任务让他们重复一下）

（在"酸"字的时候拍一个小朋友的肩膀作为信号，然后小狐狸在前面跑，得到信号的小朋友在后面追，最先坐在位置上的人就赢了，输的小朋友站在中间，大家开始逗狐狸。）

（2）完整玩游戏。

① 完整玩一次游戏。

② 讨论游戏过程中的问题与不足。

③ 根据改进建议重新玩一次游戏。

活动五 库 企 企

（南京游府西街幼儿园原创）

 音乐材料设计

【乐 谱】

库 企 企

选自《奥尔夫系列音乐》

$1=A \dfrac{4}{4}$

【音乐句段结构分析】

根据需要，我们把此曲分为A、B、C三段。此曲的音乐结构分析图如下，大写字母表示段落，小写字母表示句子：

```
     A            B            C
  ┌──┴──┐      ┌──┴──┐      ┌──┴──┐
  a   a'        a    a        a    a
```

【用于欣赏的故事设计】

听说在一座山的一个山洞里藏着宝藏，只要对着这个山洞的洞口喊一句魔语"× × × × ×（库 库 库企企）"，山洞就会自动打开，喊魔语的人就可以拿走宝藏。哇，许多人骑着马来了，下了马爬山，找到一个洞口就喊魔语"× × × × ×（库 库 库企企）"。结果洞口没开，找错地方了，继续去找。又骑马，又爬山，又喊魔语。到现在，这些人还在不停地做着这些事。

【欣赏中的动作预设】

A段：做骑马动作。

B段：双手轮番作爬山动作。

133

C段：按"x x xx x"节奏型，做举手臂挥单手的动作，手握拳。

【用于经验准备的两个传统游戏】

1. 游戏一：抢椅子

玩法：放一圈椅子，数量比游戏人数少一个。游戏者在椅子外面围着椅子走，当听到敲鼓者的鼓声停止时，大家开始抢椅子坐，没抢到椅子的人表演节目。

2. 游戏二：领头人

玩法：领头人做一个动作或表情，其他人跟着做。

【游戏玩法】

1. 游戏布置：比幼儿人数少一把的椅子单圈排放，椅子与椅子之间留足供幼儿进出的空间。

2. 动作设计：

A段：全体幼儿在领头人的带领下，逆时针在椅子外面做骑马动作，脚步为跑马步。

B段：幼儿抢椅子。

C段：没抢到椅子的幼儿做领头人，按"x x xx x"节奏型做动作，其他幼儿模仿领头人做动作。

3. 游戏循环方式：

音乐重复开始时，以领头人为第一个位置，其他幼儿跟着他面朝圈上。领头人带领幼儿做双手握拳在胸前绕的跑步动作，重新开始新的一轮游戏。

4. 游戏规则：

● 第一段音乐结束后才能开始抢椅子；

● 没抢到椅子的幼儿迅速站好做领头人，第二段音乐开始领头人的表演开始。

第一课时　欣赏与队形中的动作表演

活动目标

1. 用身体动作完整表演作品，能达到清晰表达句子、段落的程度。

2. 能用"× × ×× ×（库 库 库企 企）"动作模型做领头人的游戏。

活动准备

1. 课前幼儿已经会做传统游戏"抢椅子"与"领头人"。
2. 《库企企》音乐的音响资料与播放设备。

活动过程

1. 故事与动作的匹配活动。

（1）教师讲故事。

● 讲完故事提问：故事中的人一共干了几件事？（要求集体回答：三件事）

● 追问：哪三件事？（要求集体回答：骑马、爬山、喊魔语）

（2）教师合着音乐做身体动作。（所有的动作坐在椅子上完成）

● 做完动作提问：骑马的音乐有重复的吗？（有，重复一次）

爬山的音乐有重复的吗？（有，重复一次）

魔语有没有重复？（有，重复一次）

2. 请幼儿合着音乐做身体动作。（所有动作坐在椅子上完成）

● 幼儿做完后，教师与幼儿讨论：这个音乐如果我们把它分段，可以分为几段？（三段）你们为什么这样分？（根据动作分）

● 可以连续做几遍动作。

3. 做"× × ×× ×（库 库 库企 企）"动作模型的领头人游戏。

（1）魔语"× × ×× ×（库 库 库企 企）"动作模型的联想。

● 教师：在"找宝藏"的故事中，魔语"× × ×× ×（库 库 库企 企）"，我们是做举手臂的动作，现在如果我们把这个魔语的动作变一变。你们想想可以做些什么动作？（教师从幼儿的动作中找出合规范的动作，并启发幼儿联想这一动作的同类。如，一个幼儿的动作是兔子跳，启发幼儿联想其他小动物的动作）

● 教师总结幼儿已经联想到的所有动作的种类：动物类、拍打身体类、运动类、舞蹈动作类，等等。

（2）做领头人游戏。（只是魔语不断循环）
- 形成一个单圈队形。
- 教师：好，现在每一个小朋友想好一个自己要做的动作，我们来做领头人游戏。从老师开始，然后到下一位小朋友，再一个一个接下去。
- 教师做完自己的动作后，立即到下一个幼儿后面去提醒与指导。

第二课时　完整游戏并循环

活动目标

1. 以对音乐游戏规则遵守的方式，表达对《库企企》音乐段落结构的理解。
2. 通过领头人角色的扮演，展现身体动作的即兴表演能力。
3. 体验到玩有规则的集体游戏的挑战与愉悦。

活动准备

- 《库企企》音乐的音响资料与播放设备。

活动过程

1. 完整地用身体动作表演音乐。
2. 复习"×　×　××　×"动作模型的领头人游戏。
　　　　库　库　库企　企
3. 玩《库企企》的音乐游戏。

（1）教师：现在我们把"找宝藏"的故事、领头人与抢椅子的游戏结合起来，做一个音乐游戏。

（2）教师示范、讲解并让幼儿分段学习游戏玩法。
- 学习第一段，全体幼儿在教师带领下，围着椅子做骑马动作。请一位幼儿做带领者，全体幼儿再表演一次。
- 学习第二段：把原来的身体动作表演替换成"抢椅子"游戏。
- 学习第三段：玩"领头人"游戏。

（3）完整表演游戏。

● 由教师带头做骑马动作，第三段产生领头人时，教师在领头人旁边进行提醒与指导。

● 教师退出游戏，所有环节由幼儿自己完成，教师指导与提醒。

4. 游戏循环。

（1）教师强调游戏循环方式：以领头人为首，从头开始围着椅子做骑马动作。

（2）幼儿循环表演游戏。

（3）集体讨论循环表演中出现的问题并想出解决问题的办法。

（4）再次循环表演游戏。

活动六 司马光砸缸

(南京市晨光幼儿园 王 丽 设计并执教)

音乐材料设计

【曲 谱】

司马光砸缸

宋小明词
李 昕曲

$1=E \dfrac{4}{4}$

‖: 1111 11 3333 33 | 51 22̂3 2 0 | 1111 11 3333 33 |
(齐)哐当哐当 哐当哐当哐当哐当，司马光砸 缸， 哐当哐当 哐当哐当哐当哐当，

56 11̂2 1. 0 :‖ 3 3̂2 1 3̂6 1 | 3.2 3̂32 3̂6 1 |
司 马 光 砸 缸。(独)有几 个 小朋 友， 围(呀)围着那 大水 缸，
　　　　　　　　　　　 扑通 通 一 声 响， 有人 掉进了 大水 缸，

3.2 3̂2 55 5 | 5̂5̇ 6̂1 2 — :‖ 51 6̂1 1 — |
　　　　　　　　　　 |1.　　　　　　　　　　 |2.
大家一起 捉迷 藏　 调皮又欢 畅。　　 慌里又慌 张。
大家全都 吓坏了

‖: 66̂5 4 6̂2 4 | 6.5 6̂65 6̂2 4 | 3.2 3̂2 55 5 |
　　　　　　　　　　　　　　　　　　　　　　　　 |1.
有一　个 小朋友， 名字叫做那 司马光， 搬起一块 大石头，
哐当 当 一声响， 流水哗啦啦 往外淌，

66̂5 6̂3 5 5 :‖ 3.2 555 3̂2 5 | 3̂32 55 1 — |
　　　　　　 |2.
砸向那 大水 缸呀！ 伙伴钻出那 破水缸， 大家都齐鼓 掌。

‖: 1111 11 3333 33 | 51 22̂3 2 0 | 1111 11 3333 33 |
(齐)哐当哐当 哐当哐当哐当哐当，司马光砸 缸， 哐当哐当 哐当哐当哐当哐当，

　　　　　　　　　　　　　　|结束句
56 11̂2 1. 0 :‖ 5 6̂ 1 01̂2 | 1 0 0 0 ‖
司 马 光 砸 缸， 司 马 光 砸 缸。

【音乐句段结构分析】

下面为《司马光砸缸》的句段结构分析，大写字母表示段落，小写字母表示句子。

```
    A         B           C          A'
   ┌┴┐    ┌──┼──┐     ┌──┼──┐      ┌┴┐
   a b    a b c d     a b c d      a b
```

【动作设计】

A段：

第一句：第一至四拍，一拍拍手一次；第五至六拍，双手握拳放到肩上，表示砸缸前的动作；第七至八拍，双手用力往下砸，表示砸缸，合第七拍的重拍。

第二至四句：同第一句。

B段：

第一句：第一到四拍，双手握拳一拍一次在腹前左右挥动；第五至六拍，双手做蒙眼睛的动作，合第五拍重拍；第七至八拍，双手手掌竖起，手心朝外，放在身体两旁，合第七拍重拍。

第二至四句：同第一句。

C段：

一个幼儿在圈外合拍地走，其余幼儿手拉手歌唱。当唱到"砸向那大水缸"的"砸"字时，切两个小朋友的手。被切的两个小朋友从两个方向在圈外跑，看哪个小朋友先跑回。

【游戏玩法建议】

1. 道具准备：一块花泥，当作砖。

2. 游戏过程：

请一个小朋友做司马光拿着砖在圈外走，另一个小朋友在圈中扮演落水的小朋友，其他小朋友手拉手歌唱。当唱到"砸向那大水缸"的"砸"字时，扮演司马光的小朋友把砖砸向两个小朋友的手，被砸的两个小朋友朝两个方向跑，先跑回的小朋友拿到砖，为下一个司马光；后跑回的小朋友进入圈内，扮演落水的小朋友，原来扮演落水小朋友的幼儿回到圈中参加游戏。第三段音乐重复放，游戏循环地进行。

3. 游戏规则：

当音乐唱到"砸向那大水缸"的"砸"字时，司马光才能砸。砸的动作一定要碰到两个小朋友的手。先跑回的幼儿以拿到砖为标准，拿到砖以后，迅速准备下一轮的游戏。

 活动目标

1. 在音乐中完成两两交换舞伴的方法。
2. 合拍、合作地完成切西瓜游戏。
3. 体验合乐以及与小伙伴合作游戏所带来的快乐。

 活动准备

1. 幼儿会玩民间游戏切西瓜。
2. 自制一块石头。
3. 音乐CD及播放设备。

 活动过程

1. 玩民间游戏切西瓜。
（1）请幼儿回忆玩法与规则。
（2）全体幼儿玩游戏。
（3）总结集体玩好这一游戏的几个重要点。
2. 迁移切西瓜玩法。
（1）教师示范音乐中切西瓜的动作。
（2）幼儿模仿学习音乐游戏的基本动作。
（3）教师边示范边讲解切西瓜音乐游戏的玩法与规则。
① 司马光在干什么？（砸缸）
② 为什么砸缸？（救人）
③ 当两名幼儿掉进缸，掉进缸里的小朋友会怎么样？（表现掉进缸中的情

动作）

④ 掉进缸里的幼儿顺水流出来后，做什么？（朝相反的方向跑）

⑤ 先跑回来的幼儿就是下一次的司马光，拿起石头准备砸缸，后跑回来的幼儿站在圈中充当落水儿童。

（4）教师当一次司马光与幼儿配合玩一次游戏。

（5）讨论玩的时候出现的问题并提出解决问题的方案。

（6）教师当司马光再玩一次。

3. 幼儿完整游戏。

（1）请一名幼儿当司马光进行游戏。

（2）音乐循环，司马光角色在竞争中产生，游戏循环。

4. 增加交换舞伴，完整游戏。

（1）教师：怎样才能换到新朋友？（面对面）

（2）教师：怎样才能每次换到新朋友？（拉手换位置，转身跳）

（3）合 A 段音乐，练习交换舞伴的表演。

（4）完整做游戏。

（5）音乐循环、游戏循环。

活动七　谁是灰太狼

（宁波市宝韵音乐幼儿园　莎莉莉 设计并执教）

音乐材料设计

【乐　谱】

谁是灰太狼

（匈牙利舞曲）

勃拉姆斯曲

$$\underline{3\;\underline{5}}\;\underline{4\;\underline{6}}\;|\;\underline{5\;\underline{7}}\;\underline{5\;3}\;|\;\underline{5342}\;\underline{3127}\;|\;1\;\dot1\;\;1\;0\;:\|\;\overset{\dot6}{4}\;0\;\;{}^\#\overset{\dot3}{5}\;0\;|\;\overset{\dot6\cdot}{3\cdot}\;\;\;0\;\|$$

转1=C

【音乐作品与句段结构分析】

音乐作品选自德国作曲家勃拉姆斯的第五号《匈牙利舞曲》，为了使音乐更适合幼儿进行游戏，对音乐进行了剪辑，分成了较为工整的三段。

下面为经过剪辑的《匈牙利舞曲》第五号的句段结构分析，大写字母表示段落，小写字母表示句子。

```
    A          B            C
   ┌─┐      ┌─────┐       ┌───┐
   a b      a b c d       a b c
```

【故事设计】

羊村要举行化装舞会了，听到这个消息，灰太狼便悄悄地潜入到舞会中，舞会进行到高潮的时候，小羊们似乎感觉到有灰太狼，也开始悄悄地寻找，并大声地问"谁是灰太狼？"还想出了一个好办法找到了灰太狼，并大声地对它说"你是灰太狼！"灰太狼诡计失败准备离开的时候，还不忘回头来吓唬小羊。

【图　谱】

把图谱折成三部分，一段一段呈现出来。

【动作设计】

队形：单圈面朝圈上，舞伴面对面。

A段：（重复一次）

第一句1—4小节：自拍两下，和同伴拍两下，右手做招手动作两下，和同伴交换位置。

第一句5—8小节：同第一句1—4小节。

第二句：同第一句。

B段：

第一句：全体原地喊"× × × × ×
　　　　　　　　　　　谁 是 灰 太 狼"。

第二至三句：全体双手握拳在胸前弯曲做辘轳转的动作。

第四句：全体原地喊"× × × × ×
　　　　　　　　　　你 是 灰 太 狼"。

C段：

第一句：按拍子原地走四步，在第五拍突然回头，最后一拍头转回来。

第二至四句：同第一句。

【游戏玩法建议】

1. 道具准备：在地面贴上与幼儿人数相同的单圈圆点，其中两个圆点为黑色，其余圆点为白色。

2. 游戏过程：

A段：完全同集体舞动作。

B段：

第一至三句：当全体原地喊完"××××× 谁 是 灰 太 狼"后，发现自己脚下为黑色圆点的两名幼儿开始在圈外跑圈，跑一圈后先回到自己位置上这一位幼儿成为灰太狼。

第四句：全体幼儿手指先跑回自己位置的幼儿喊"××××× 你 是 灰 太 狼"。

C段：

第一句：做灰太狼的幼儿走在全体幼儿的前面，全体幼儿跟在灰太狼后面。灰太狼按拍子往前走四步，在第五拍时突然回头看后面的幼儿。全体幼儿前四拍跟在灰太狼后面按拍走路，当灰太狼回头时做"木头人"造型，一动不动。

第二至三句：同第一句。

第四句：做灰太狼的幼儿喊"发怒了"，并做愤怒表情，其余幼儿快速跑回到单圈中，形成最初单圈队形。

3. 游戏规则：

当B段音乐的第一句结束，即全体幼儿喊完"谁是灰太狼"以后，两位站在黑点上的幼儿才能开始跑。

活动目标

1. 倾听音乐，熟悉故事情节，学习从音乐中寻找游戏规则。
2. 在标记的提醒下，迅速找到灰太狼，并根据音乐变化做相应的动作。
3. 体验在音乐中遵守游戏规则的快乐。

活动准备

1. 截好的音乐。
2. 红蓝手腕花各一半。

活动过程

1. 故事引题，激发兴趣。

故事情境：羊村要举行化装舞会了，听到这个消息，灰太狼便悄悄地潜入到舞会中，舞会进行到高潮的时候，小羊们似乎感觉到有灰太狼，也开始悄悄地寻找，并大声地问"谁是灰太狼？"还想出了一个好办法找到了灰太狼，并大声地对它说"你是灰太狼！"灰太狼诡计失败准备离开的时候，还不忘回头来吓唬小羊。

2. 分段欣赏，规则揭秘。

（1）第一段。

① 音乐中小羊们在举行化装舞会还是在寻找灰太狼呢？

② 教师带领幼儿小羊在舞会上听音乐合拍跳拍手舞。

（2）第二段。

① 舞会进行到高潮的时候，小羊们感觉舞会上可能会有谁呢？那我们悄悄地来找找灰太狼，它到底在哪里呢？这个秘密就在你们的脚底下，看看你们的脚底下有什么？（原来白色的圆点是小羊的脚印，两个黑色的圆点就是灰太狼的脚印）

② 在音乐播放到什么时候教师问"谁是灰太狼"？什么时候回答"你是大灰狼"？

幼儿听音乐问答："谁是灰太狼？"和"你是灰太狼"。

③ 黑色的脚印有两个，到底谁是灰太狼呢？用什么方法才能知道？（幼儿根据音乐性质探究方法）

④ 怎样在跑动中不会互相碰撞呢？（幼儿商讨跑动的方向，这里借助手腕花，让幼儿统一往带手腕花的手的方向跑动）

（3）第三段。

① 灰太狼诡计失败准备离开的时候，还一边走一边回头看看小羊，我们一起来听听灰太狼走几步回头一次呢？

② 在位置上学习灰太狼回头。（凶狠的样子）

③ 狡猾的灰太狼走4步还不忘回头一次来吓唬小羊，小羊该怎么办呢？（引导幼儿做静止不动的动作）

④ 教师扮演灰太狼，幼儿做小羊尝试做动作。

3. 静态欣赏，回忆规则。

● 看图谱完整欣赏音乐。

4. 参与游戏，体验快乐

（1）教师做灰太狼，鼓励小羊们创编静止不动的各种造型动作。

（2）幼儿做灰太狼，鼓励灰太狼做出各种凶狠的动作。

活动八 帽子恰恰恰

（南京市第一幼儿园　张晓勤 设计并执教）

 音乐材料设计

【乐　谱】

帽子恰恰恰

拉丁美洲舞曲

$1=F \dfrac{4}{4}$

（乐谱略）

【音乐句段结构分析】

下面是《帽子恰恰恰》音乐的句段结构，大写字母表示段落，小写字母表示句子。

```
      A              B            C      尾声
┌──┬──┬──┬──┐  ┌──┬──┬──┬──┐  ┌──┬──┐
a  b  c  d      a  b  c  d      a  b
```

【动作设计】

队形：单圈。

A段：（重复一次）

第一句：前两拍拍手，一拍一次，拍两次，后两拍右手伸出食指与中指做剪刀状，手心朝外横放在眼前从左向右移动。

第二至四句：同第一句。

B段：

第一句：右手掌手心朝里放在嘴前，做欢呼动作并发出"噢"的欢呼声。

第二至四句：同第一句。

C段：

第一句：双手放在身侧翻手腕，同时左右扭动臀部。

第二句：方向相反，动作同第一句。

【游戏玩法建议】

队形与道具：坐在椅子上，形成单圈，其中两位幼儿手上有一顶帽子，用于传递。在圈中放一个足够三人站立的一个平台，上面也放着一顶帽子。

A段：

集体：把A段拍手动作替换成从自己到右边同伴腿上的传递动作，剪刀形动作照旧。音乐结束时，有两位拿到帽子，他们为单独表演者。

B段：

第一句

集体：照旧做集体舞动作。

两位单独表演者：走到圈中的平台去抢平台上的这顶帽子，先抢到帽子者拿帽子，没抢到帽子者做一个造型动作，暂时冻结。

第二句

集体：照旧做集体舞动作。

两位单独表演者：抢到帽子者从圈中选一个朋友邀请他一起上平台，没抢到帽子者解除冻结，也站到平台上，三人都把帽子戴在头上。

C段：

第一至二句。

集体与平台上的表演者：做集体舞动作。

尾声：

平台上三个表演者：合作做一个造型动作。

游戏循环方式：在音乐的间奏时间，被邀请者把帽子放回平台回座位，其余两位拿好帽子回座位，准备游戏重新开始。

活动目标

1. 在遵守游戏规则的前提下，合乐地进行游戏与舞蹈。
2. 体验和伙伴共同表演的快乐。

活动准备

1. 截好的音乐与播放设备。
2. 已经会跳《帽子恰恰恰》的集体舞。
3. 三顶帽子。

活动过程

1. 全体幼儿完整表演集体舞。
2. 传递一顶帽子的圈上合乐。

（1）全体幼儿单圈坐到椅子上，教师出示游戏要用的帽子，请幼儿想想如何传递这顶帽子。

（2）按照幼儿的建议，教师示范并讲解如何合拍传递动作，幼儿围圈徒手做传递动作。

（3）合上A段音乐，做传递动作与剪刀形动作相结合的动作。

（4）教师出示一顶帽子，幼儿学习无论是否有帽子在手上都一样做动作的状态。请幼儿确认A段音乐何时开始、何时结束、谁是最后一个拿到帽子的幼儿等问题。

（5）幼儿围圈完整进行传递一顶帽子的合乐表演。

3. 传递两顶帽子的圈上合乐。

（1）教师出示两顶帽子，幼儿学习无论是否有帽子在手上都一样做动作的状态。请幼儿确认A段音乐何时开始、何时结束、谁是最后两个拿到帽子的幼儿等问题。

（2）幼儿围圈完整进行传递两顶帽子的合乐表演。

4. 完整游戏的学习与表演。

（1）教师讲解游戏规则。

（2）请两名幼儿合作表演B段与C段音乐，应用游戏规则。

（3）全体幼儿讨论与评价他们的表演状态与遵守规则状态。

（4）全体幼儿完整表演音乐游戏一次。

（5）讨论、评价集体表演音乐游戏与三位幼儿单独表演音乐游戏的状况。

（6）音乐循环播放，全体幼儿循环表演音乐游戏。

附 录

CD 目 录

一、集体舞

1. 乒乓舞	6'04"
2. 小老鼠找朋友	0'28"
3. 小兔躲猫猫	0'36"
4. 糖果邀请舞	1'58"
5. 花儿与蝴蝶	0'55"
6. 小兔采蘑菇	1'01"
7. 摘果子	1'04"
8. 多愉快	3'16"
9. 羊村舞会	4'13"
10. 转转转大变身	0'53"
11. 兔子舞	2'31"
12. 螃蟹舞	2'32"
13. 朋友,你好	0'37"
14. 匹诺曹	2'09"
15. 乒乓舞	6'04"
16. 套圈舞	3'04"
17. 欢乐的鼓	3'12"
18. 田纳西摇摆	2'22"
19. 莎 莎	2'49"
20. 口哨与小狗	1'42"
21. 快乐游戏舞	2'20"

二、音乐游戏

22. 饼干和酸奶枪　　　　　　0'49"
23. 狡猾的狐狸在哪里　　　　0'50"
24. 逗　牛　　　　　　　　　2'48"
25. 酸酸葡萄　　　　　　　　0'19"
26. 库企企　　　　　　　　　3'00"
27. 司马光砸缸　　　　　　　2'44"
28. 谁是灰太狼　　　　　　　1'42"
29. 帽子恰恰恰　　　　　　　1'08"